AF131590

52 Techniques Bien-être pour une Année Zen

52 Techniques Bien-être pour une Année Zen

Virginie THUILLIEZ

Édition : BoD – Books on Demand,
12/14 rond-point des Champs-Élysées, 75008 Paris
Impression : BoD - Books on Demand,
Norderstedt, Allemagne

Numéro ISBN : 9782322402205
Dépôt légal : Décembre 2021

Loi n°49-956 du 16 juillet 1949 sur les publications destinées à la jeunesse, modifiée par la loi n°2011-525 du 17 mai 2011.

Sommaire

Les 52 techniques présentées dans cet ouvrage :
(retrouvez à la fin du livre les techniques classées selon leurs propriétés)

17) Réaliser un soin du corps
18) Technique de visualisation : La bibliothèque intérieure
19) Technique de visualisation : Un objet symbolique et apaisant
20) Se détendre avec l'auto massage des pieds
21) Technique de visualisation : La technique du cinéma
22) Écouter de la musique et la ressentir intensément
23) Technique de visualisation : Un océan de calme
24) Atteindre l'état de flow
25) Technique de visualisation : Modifier sa petite voix intérieure
26) Créer son carnet du bonheur
27) Technique de visualisation : La salle des machines
28) Faire quelque chose pour quelqu'un, de façon désintéressée
29) Technique de visualisation : Un film apaisant
30) Choisir d'aller rendre visite à une personne qui rend heureux
31) Technique de visualisation : La couverture magique
32) Vaporiser son oreiller avec une brume parfumée
33) Technique de visualisation : L'énergie venant de l'arbre
34) Sortir pour admirer les étoiles

35) Technique de visualisation : Dans la peau de quelqu'un d'autre
36) Réaliser un nettoyage de printemps
37) Technique de visualisation : La séance de ciné qui rebooste
38) Masser son cuir chevelu
39) Technique de visualisation : La vision périphérique
40) Technique de visualisation : La power respiration
41) S'essayer à une nouvelle activité
42) Prendre du temps pour danser
43) Technique de visualisation : Le tableau
44) Pratiquer le Hygge
45) Se regarder dans le miroir le matin et se répéter que la journée va être bonne
46) Ne rien faire pendant au moins 20 minutes
47) Technique de visualisation : La technique de l'atelier
48) Rechercher durant la journée des senteurs qui font du bien
49) Prendre du temps pour chanter
50) Créer son tableau de visualisation
51) Essayer le coloriage anti-stress
52) Rédiger la liste de ses rêves à réaliser

Vous tenez entre les mains un condensé de **bien-être** et de **douceur**...

Ce livre vous offre la possibilité de venir piocher, chaque semaine, quelques minutes de bonheur. Quelques minutes aussi délicieuses que ce carré de chocolat qui vient agrémenter votre café. Quelques minutes rien qu'à vous, que vous vous octroyez en toute conscience. Quelques minutes que vous pourrez prolongez, si vous le décidez.

Ce livre est en quelque sorte **votre « BOÎTE À OUTILS BIEN-ÊTRE »** : 52 outils, soit 1 outil par semaine, répondant à plusieurs besoins :
- Nettoyage émotionnel
- Meilleure gestion du stress
- Détente
- Amélioration de la qualité de sommeil
- Eveil des sens
- Boost d'énergie
- Activation de ressources inconscientes
- Développement de la créativité
- Développement de la confiance en soi
- Meilleure gestion des émotions
- Amélioration de la concentration
- Boost de bonne humeur (joie)
- Canalisation des pensées *(pour éviter le fameux « Je pense trop et tout le temps... »)*

📌 Comment ça marche ?

C'est très simple !
Pour chaque outil, un hashtag # vous permet de connaître l'utilité visée : #Detente #GestionDuStress #Sommeil…

A la fin de l'ouvrage, retrouvez une classification regroupant les outils par catégorie (*un même outil peut apparaître dans plusieurs catégories à la fois*).

Ensuite, c'est à vous de jouer !
Sentez-vous libre d'utiliser les outils comme bon vous semble !
Certains souhaiteront mettre en application consciencieusement une technique par semaine, pendant un an.

D'autres choisiront de tester un nouvel outil chaque fois qu'ils en ressentiront le besoin.

Enfin, pour certaines personnes, ce livre constituera une véritable habitude quotidienne.

L'essentiel est que vous trouviez votre rythme de croisière.

Le but ultime ? Rendre votre vie plus **douce**…

Sur quoi s'appuient les techniques présentées dans cet ouvrage ?

📌 *Des techniques de visualisation, dérivées de l'hypnose*

Maître praticienne en hypnose Ericksonienne, j'ai choisi de rendre accessibles au plus grand nombre certaines techniques utilisées habituellement en cabinet.

Ayant exercé quelques temps en tant que praticienne en hypnose, j'ai par la suite eu la chance d'enseigner l'auto-hypnose via un blog (www.anouslhypnose.com). Ce que j'ai observé, c'est que l'apprentissage de ce qu'on appelle la « transe hypnotique » ou « état modifié de conscience[1] », n'était pas toujours aisé pour certains.

J'ai donc cherché un moyen plus simple pour vous permettre d'utiliser ces techniques, qui reposent en grande partie sur l'immersion, de manière virtuelle, dans un environnement donné, avec des

---

[1] L'état modifié de conscience est un état dans lequel notre attention est absorbée par notre monde intérieur, occultant l'espace de quelques instants la réalité de notre environnement. Pour plus d'informations à ce sujet, vous pouvez consulter l'article *« Etre en état d'hypnose : quelles sensations ?»*, issu du blog « A nous l'hypnose » : https://www.anouslhypnose.com/sensations-etat-hypnose/

informations/évènements faisant écho à la problématique visée.

Pour ce faire, je me suis appuyée sur des travaux scientifiques venant démontrer l'efficacité des techniques de visualisation.

Dans les années 1980, le Dr Simonton, docteur américain spécialisé en radiologie et oncologie, démontre les pouvoirs de la visualisation utilisée auprès de certains de ses patients atteints de cancer[2]. La méthode Simonton est encore aujourd'hui utilisée parfois en complément au traitement médical classique[3].

Depuis, de nombreuses études se sont consacrées aux techniques de visualisation, celles-ci faisant partie du champ de la psychoneuroimmunologie.

La psychoneuroimmunologie est une science qui englobe l'immunologie, l'endocrinologie, la neuroscience, la psychiatrie et la psychologie.

Selon l'article rédigé pour le site « Passeport Santé », *« la visualisation et l'imagerie mentale sont des techniques qui visent à mettre en œuvre les ressources de l'esprit, de l'imagination et de l'intuition pour améliorer les performances et le*

---

[2] A lire « L'aventure d'une guérison » Dr Carl Simonton et Reid Henson

[3] A noter : les techniques de visualisation ne viennent en aucun cas se substituer à un traitement médical.

mieux-être. »[4] (la méditation, par exemple, en fait partie)

Les techniques de visualisation sont notamment utilisées auprès des sportifs de haut niveau, faisant ainsi office de préparation mentale, antérieurement à des compétitions importantes.

L'article cité précédemment précise également : *« Dans le domaine thérapeutique, elles peuvent servir dans des situations fortement dépendantes du psychisme, pour modifier un comportement ou réduire le stress, par exemple. »*

Un exemple que je cite dans un article issu de mon blog *« A nous l'hypnose »* illustre bien cette technique[5] :
« [Pour illustration], cette étude menée par le Docteur Blaslotto, de l'université de Chicago, auprès d'une équipe de basket.

L'équipe a été divisée en 3 groupes :
- *un premier groupe qui pratique des lancer francs pendant 1 heure, tous les jours,*

---

[4] A lire : « Visualisation et imagerie mentale » : https://www.passeportsante.net/fr/Therapies/Guide/Fiche.aspx?doc=visualisation_th
[5] Pour retrouver l'article dans son intégralité : « Comment vaincre ses pensées négatives avec l'auto hypnose ? » : https://www.anouslhypnose.com/comment-vaincre-ses-pensees-negatives-avec-lauto-hypnose/

- *un deuxième groupe qui se contente de se visualiser en train de réaliser ces mêmes lancer francs,*
- *un troisième groupe auquel on ne demande rien*

Voici les résultats au bout d'un mois :
- *Le premier groupe a amélioré ses résultats de 24 %,*
- *le deuxième groupe a amélioré ses résultats de 23 %, simplement par la visualisation !!!*
- *et le troisième groupe ne s'est pas amélioré. »*

Alors, êtes-vous, comme moi, convaincu des bienfaits de la visualisation ?!
Simple et pratique, cet outil n'exige aucun prérequis ni aucune prédisposition particulière. Un vrai jeu d'enfant !

📌 Des gestes bien-être issus du quotidien

Pour varier les plaisirs, je vous propose également dans ce livre des gestes bien-être issus du quotidien : « réaliser un soin du corps », « sortir admirer les étoiles »,…

En effet, pourquoi aller chercher compliqué lorsque de simples rituels bien-être peuvent nous être profitables ?

📌 **Des pratiques bien-être issues de différentes cultures :**

Parce que j'aime découvrir régulièrement de nouvelles pratiques, j'ai pensé que vous seriez également heureux de faire des découvertes !
Ainsi, connaissez-vous le bain de forêt, le Hygge, le Nicksen ?

L'Homme rivalise d'imagination pour créer des habitudes, outils ou techniques lui permettant de parfaire son bien-être… Un jour peut-être, aurais-je à cœur de vous offrir un ouvrage présentant un tour du monde de rituels bien-être !

Pour l'heure, je vous invite à entrer dans ma bulle, et à la faire vôtre l'espace d'un rituel bien-être que vous aurez choisi…

1) Technique de visualisation : La montgolfière

#NettoyageEmotionnel
#GestionDuStress

Cette technique de visualisation vous fera par exemple le plus grand bien si vous vous sentez submergé par ce qu'on appelle « la charge mentale ».

Parfois même, il arrive que vous portiez des choses qui ne vous appartiennent même pas ou que vous pourriez laisser de côté car elles appartiennent au passé ! Votre conjoint a des soucis au travail, cela vous pèse. Vous repensez à cette bourde énorme que vous avez faite auprès de votre nièce, cela vous pèse… Bref, ne croyez-vous pas qu'il serait temps de vous alléger un peu ?!

C'est parti ! Une technique de travail très simple pour se sentir plus léger et se libérer de poids inutiles : la technique de la montgolfière !

📌 Imaginez-vous dans un lieu agréable, un vaste paysage. Posez le décor de votre choix. Cela peut être un lieu dans lequel vous aimez vous promener par exemple.

Visualisez devant vous un grand ballon, semblable à une montgolfière (prenez le temps d'admirer ses couleurs), qui est relié au sol.

Montez dans la nacelle de cette montgolfière.

A chaque inspiration, la montgolfière s'élève un peu plus... Jusqu'à atteindre une altitude idéale.

Observez comme tout semble changer d'aspect : les maisons sont plus petites, les personnes également... Tout prend une autre dimension... Comme vos problèmes finalement. Sentez comme il est bon de prendre de la distance avec vos difficultés ou préoccupations.

Imaginez que vous avez la possibilité de jeter par-dessus bord tout ce qui vous pèse, tout ce dont vous aimeriez vous débarrasser, pour vous alléger encore un peu plus.

Jetez une par une toutes ces petites choses (difficultés ou préoccupations) par-dessus la nacelle. Vous pouvez représenter ces petites choses par des objets.

Concentrez-vous sur la sensation de légèreté qui accompagne cette action. Plus vous jetez de choses, plus vous vous allégez.

Bientôt, une sensation de sérénité absolue vous envahit. Vous regardez votre situation d'un œil différent. Tout semble plus calme. Vous êtes complètement détendu.

Vous terminez ce voyage en profitant du paysage et de son incroyable beauté. Vous sentez la quiétude à l'intérieur de vous. Tout est calme, apaisé. Vous êtes bien.

Quand vous le souhaitez, vous pouvez faire redescendre la montgolfière et terminer votre ballade dans ce paysage tranquille.

2) L'aromathérapie : diffuser des huiles essentielles

#Detente
#Sommeil
#EveilDesSens
#Energie

Et si, aujourd'hui, vous choisissiez d'agrémenter votre « home sweet home » d'un délicat parfum ?

Et si, au lieu de vaporiser le premier spray qui vous tombe sous la main, vous preniez le temps de choisir une huile essentielle, qui viendrait répondre à votre besoin du jour ?

Dame nature vous permet aujourd'hui de profiter de ses bienfaits, de façon simple et agréable. Vous auriez tort de vous en priver.

L'huile essentielle est extrait d'une plante et en concentre les principes actifs.

Il existe plus de 10 000 composants aromatiques différents d'huiles essentielles... Alors loin de moi l'idée d'être exhaustive à ce sujet !

Mais à quoi sert réellement l'huile essentielle ?... A une multitude de choses !

Certaines viennent soulager les maux de gorge, d'autres les affections cutanées, ou les troubles du

sommeil, d'autres encore les maux de ventre…
Bref, la liste est longue.

Voici ici quelques idées d'huiles essentielles à
diffuser, selon votre humeur[6] :

📌 **Pour se relaxer :**
Marjolaine à coquilles
Petitgrain bigarade
Baies de Linaloe

📌 **Pour purifier l'air :**
Citron
Tea Tree
Sapin pectiné

📌 **Pour favoriser le sommeil :**
Petitgrain (Bigarade ou Clémentinier)
Lavande vraie ou fine
Mandarine (rouge, verte ou jaune)

📌 **Pour éveiller les sens :**
Patchouli
Ylang-ylang (à diluer)
Gingembre

📌 **Pour la convivialité :**
Cannelle écorce
Orange douce
Pamplemousse

---

[6] Source : aroma-zone.com

📌 Pour favoriser l'optimisme :
Eucalyptus Staigeriana
Bergamote
Litsée citronnée

Pour diffuser vos huiles essentielles, choisissez entre le diffuseur ou le brumisateur *(à noter : le brumisateur humidifie l'atmosphère de la pièce)*

Enfin, soyez prudent, toutes les huiles essentielles ne se prêtent pas à la diffusion. D'autres doivent être diluées avant d'être diffusées.

Pour savoir lesquelles utiliser en toute sécurité, vous pouvez par exemple vous référer à la liste présentée par le site compagnie-des-sens.fr ici : https://www.compagnie-des-sens.fr/huiles-essentielles-autorisees-diffusion/

Et pourquoi ne pas concocter une recette qui combinerait plusieurs huiles ? Internet regorge d'idées en la matière… A vous les potions magiques !

3) Technique de visualisation : Le réservoir de ressources

#ActivationDeRessourcesInconscientes
#Creativite
#ConfianceEnSoi
#GestionDesEmotions
Etc.

Cette technique est à utiliser si vous souhaitez activer des ressources inconscientes, visant à vous aider dans la réalisation d'un projet. Milton Erickson[7], qui est à la base de l'hypnose dite « Ericksonienne », considérait l'inconscient comme un véritable « réservoir de ressources ».

Autrement dit, nous avons tous à notre portée une multitudes d'outils, de clés à nos difficultés, dont nous n'avons pas forcément conscience, et qui sont cachées à l'intérieur de nous, tels de jolis trésors. A nous de les aider à se révéler…

La technique présentée ici se réfère à Ernest Rossi[8], un psychologue américain du siècle dernier.

---

[7] A lire : « Milton H. Erickson, l'hypnotiseur qui réveille », sur le site psychologies.com :
https://www.psychologies.com/Culture/Maitres-de-vie/Milton-H-Erickson
[8] A lire : un article dédié à Ernest Rossi, sur le site de l'Ecole Psynapse : https://psynapse.fr/historique-hypnose/ernest-rossi/

Ernest Rossi a beaucoup travaillé avec Milton Erickson, le père fondateur de l'hypnose Ericksonienne.

Il a une approche de l'hypnose basée sur le lien entre le corps et l'esprit.

📌 **Voici le détail de cette technique :**

Placez vos mains devant vous, comme si vous teniez un ballon. Donnez une couleur à ce ballon, sentez sa texture, sa forme… Peut-être même sa température…

Pensez à votre objectif.

Exemple : Vous souhaitez être créatif pour pouvoir réaliser telle chose.

Imaginez que vous avez la possibilité, maintenant, de demander à votre inconscient[9] d'activer toutes vos ressources liées à cette créativité, pour la bonne réalisation de ce projet.

Indiquez le à votre inconscient, adressez-vous à lui. Indiquez lui que vos mains vont se rapprocher progressivement l'une de l'autre (comme si le ballon se dégonflait) si votre inconscient est d'accord pour vous aider à atteindre cet objectif.

(si vos mains ne se rapprochent pas l'une de l'autre, ou même s'éloigne l'une de l'autre, utilisez

---

[9] Pour comprendre ce qu'est l'inconscient, lire l'article du blog « A nous l'hypnose », « *Conscient et inconscient, quesako* » : https://www.anouslhypnose.com/conscient-et-inconscient-quesako/

le signaling pour identifier ce qui empêche votre inconscient de travailler sur ce sujet.
https://www.anouslhypnose.com/parlez-avec-votre-inconscient-utilisez-le-signaling/*)*

Une fois que vos mains se sont touchées, remerciez votre inconscient.

Demandez-lui d'aller chercher à l'intérieur de vous-même toutes les ressources nécessaires pour développer votre créativité, dans le cadre de la réalisation de votre projet *(si vous n'avez pas de projet particulier en tête, c'est ok ! Vous pouvez avoir l'envie de développer votre créativité de manière générale)*

Au fur et à mesure qu'il cherche et trouve toutes ces ressources à l'intérieur de vous-même, indiquez lui que l'une de vos mains va redescendre. Une fois que cette main touche votre cuisse, ce travail est réalisé.

Une fois que votre main s'est posée, remerciez votre inconscient, et demandez-lui maintenant d'intégrer au plus profond de vous-même toutes les solutions qu'il a trouvé, toutes les ressources qu'il a repéré.
Demandez-lui de les activer dès que vous en avez besoin, dans votre quotidien, ou pour le projet auquel vous pensez.

Et tandis qu'il fait ce travail, indiquez lui que l'autre main va redescendre progressivement. Lorsqu'elle touche votre cuisse, c'est que ce travail est achevé.

Une fois le processus achevé, remerciez votre inconscient… et profitez de toutes ces belles ressources !

4) Ecouter une séance d'ASMR
#Detente

Qu'est-ce que l'ASMR (Autonomous Sensory Meridian Response) ?
C'est une technique de relaxation par les sons.

C'est l'écoute d'un son particulier qui va déclencher dans le corps des sensations particulières. Les sons utilisés sont généralement des chuchotements, des tapotements d'objets en tous genres, des froissements...

Certaines études[10] ont montré que l'écoute d'une séance d'ASMR peut entraîner, chez les personnes qui y sont sensibles, un ralentissement du rythme cardiaque.

A ce jour, les études scientifiques sont peu nombreuses et n'ont pas encore fait la preuve des bienfaits de l'ASMR.

Néanmoins, il semblerait que l'ASMR ait le pouvoir de détendre, pour les nombreuses personnes qui en font l'expérience.

A noter, seule 50% de la population y serait sensible... Vous avez donc 1 chance sur 2 de pouvoir bénéficier des bienfaits de cette technique !

---

[10] Notamment l'étude de 2018 de Giulia Poerio, chercheuse britannique en psychologie

Enfin, pour certaines personnes *(dont je fais partie)*, les sons présents dans les séances d'ASMR peuvent agacer, voire repousser… Si c'est votre cas, passez votre chemin… et essayez la technique suivante !

Ici, quelques chaînes repérées sur YouTube, proposant des séances d'ASMR :
- Colomba ASMR
- ASRM Kali
- Paris ASMR

Bien d'autres protagonistes proposent leur séance… A vous de découvrir le style qui vous convient le mieux.

5) Technique de visualisation : Le jeu du meilleur ami

#ConfianceEnSoi
#GestionDuStress
#Energie

Cet outil transversal peut être utilisé dans beaucoup de situations, notamment celles où un stress est présent, un sentiment de dévalorisation... ou plus généralement, où une sensation d'inconfort est présente.

📌 Imaginez-vous dans le décor de votre choix, un lieu apaisant. Cela peut être un endroit où vous aimez aller vous promener.
Prenez le temps de vous asseoir quelques instants dans ce décor de rêve.

Imaginez maintenant... Vous avez la possibilité de vous placer à quelques mètres de vous-même et de vous observer. Que voyez-vous ? Comment sont les traits du visage de la personne que vous observez ? Prend-elle soin de son bien-être ? Est-elle bienveillante envers elle-même ?

Demandez-vous de quoi vous auriez besoin pour aller mieux dans la situation présente ?
- De réconfort ? De confiance en vous ? D'énergie ? De vous sentir plus serein ?

Pensez maintenant à une personne de confiance, qui représente le mieux, selon vous, ce dont vous avez besoin (cette personne peut être l'un de vos proches, l'un de vos amis, ou même quelqu'un de connu qui vous inspire confiance, ou bien quelqu'un de totalement imaginaire)

Visualisez maintenant cette personne qui arrive et se place face à ce vous-même que vous êtes en train d'observer.
Elle lui parle d'une voix rassurante, réconfortante, elle l'encourage. Imaginez tout ce qu'elle lui dit. Entendez le son de sa voix.

Pendant ce temps, observez les traits du visage qui se modifient. Voyez comme ces quelques mots ont un effet bénéfique sur cette personne qui est vôtre.

Une fois que votre « ami imaginaire » a terminé son œuvre, reprenez votre place, assis sur le siège. Sentez comme tout s'est modifié à l'intérieur.

Et pour vivre l'expérience de l'intérieur, vous pourriez même renouveler l'expérience, cette fois-ci en demeurant acteur de cette scène, et non observateur.

Faites revenir cette personne de confiance, et renouvelez l'expérience en la faisant s'adresser à vous directement. Sentez comme tout est agréable, réconfortant.

A partir de maintenant, chaque fois que vous en aurez besoin, votre petite voix intérieure pourra prendre la voix de cette personne, qui sera là pour vous apporter ce dont vous avez besoin. Et votre corps réagira instantanément dans le sens que vous avez défini.

6) Pratiquer la cohérence cardiaque
#GestionDuStress
#Detente
#GestionDesEmotions

Voici une technique très simple et rapide pour mieux gérer votre stress et vos émotions !

La cohérence cardiaque, c'est le fait de gérer différemment sa respiration, sur un laps de temps donné.

Mais, me direz-vous, quel rapport entre la respiration entre le cœur ?
Le rythme de votre respiration a un impact direct sur votre rythme cardiaque.

Avez-vous remarqué ceci : lorsque vous êtes en grand état de stress, vous avez souvent le souffle court, et votre cœur bat plus vite. D'ailleurs, votre entourage vous dira peut-être *« Respire ! »,* qui est une autre façon de dire *« Détends-toi ! »*

Le cœur et le cerveau communiquent directement ensemble. Ainsi, en travaillant votre respiration, vous avez un impact sur votre rythme cardiaque, ce qui entraîne la transmission de messages positifs vers le cerveau.

🏹 Comment faire ?
Il existe différentes techniques, mais je vous présenterai ici la plus simple, communément

appelée la « règle du 365 » : 3 fois par jour, 6 respirations par minute, pendant 5 minutes.

📌 **En pratique :**
- Inspirez profondément pendant 5 secondes.
- Expirez longuement pendant 5 secondes.
- Vous comptabilisez ainsi 6 respirations par minute.
- Faites ceci pendant 5 minutes.

📌 **A quel moment ?**
On recommande de pratiquer la cohérence cardiaque au lever, à midi, et en fin d'après-midi ou soirée.
Évidemment, sentez-vous libre de pratiquer la cohérence cardiaque dès que vous en ressentez le besoin, en situation de stress intense par exemple.

📌 **Pour quels bienfaits exactement ?**

La liste est longue, et pour faire simple, j'ai repris la liste des bienfaits présentés par le site passeportesante.net[11] :

---

[11] Passeportsante.net, Article intitulé « La cohérence cardiaque » :
https://www.passeportsante.net/fr/Therapies/Guide/Fiche.aspx?doc=la-coherence-cardiaque

✸ Effets immédiats

- Augmentation de l'amplitude de la variabilité cardiaque
- Arrondissement et régularité de la courbe
- Apaisement

✸ Effets sur une moyenne de quatre heures :

- Baisse du cortisol, la principale hormone de défense secrétée pendant un stress.
- Augmentation de la DHEA, hormone de jouvence qui ralentit le vieillissement.
- Augmentation des IgA salivaires qui participent à la défense immunitaire.
- Augmentation de l'ocytocine, neurotransmetteur qui favorise l'attachement (aussi appelé « hormone de l'amour »).
- Augmentation du facteur natriurétique auriculaire, hormone secrétée par le cœur et qui agit sur l'hypertension artérielle.
- Augmentation des ondes alpha qui favorisent la mémoire, l'apprentissage mais aussi la communication et la coordination.
- Action favorable sur de nombreux neurotransmetteurs (hormones qui véhiculent les émotions) dont la dopamine (plaisir) et la sérotonine (prévention de la dépression et des angoisses).

📌 **Effets à long terme (au bout d'une dizaine de jours) :**

- Diminution de l'hypertension artérielle
- Diminution du risque cardiovasculaire
- Régulation du taux de sucre
- Réduction du périmètre abdominal
- Meilleure récupération
- Amélioration de la concentration et de la mémorisation
- Diminution des troubles de l'attention et de l'hyperactivité
- Meilleure tolérance à la douleur
- Amélioration de la maladie asthmatique

J'étais moi-même surprise des nombreux bienfaits découlant de cette pratique !

Et ce qui la rend encore plus attractive : elle prend très peu de temps et elle est accessible à tous (aucune contre-indication).

7) Technique de visualisation : L'ancrage

#GestionDuStress
#ConfianceEnSoi
#Energie
#Creativite
#Sommeil
#Concentration
Etc…

📌 Qu'est-ce que l'ancrage ?

L'ancrage est un stimulus qui entraîne des sensations, émotions particulières dans le corps.

Exemples :

Vous entendez votre chanson préférée, et vous ressentez tout à coup beaucoup de joie (ou toute autre émotion liée à cette chanson). Ici, le stimulus est auditif.

Vous croisez quelqu'un dans la rue qui porte le même parfum que votre conjoint (stimulus olfactif), vous pensez instantanément à lui/elle, et vous ressentez les émotions liées aux sentiments que vous lui portez.

Nous allons utiliser ici un stimulus lié au sens du toucher.

📌 Souvenez-vous d'un moment où vous étiez dans un état particulier de sensations que vous souhaiteriez retrouver (Exemple : un souvenir où vous étiez particulièrement détendu si vous cherchez à réaliser un ancrage pour réguler votre stress).

Retrouvez tous les détails de ce moment : images, bruits, odeurs, et surtout SENSATIONS.

Juste avant d'atteindre le niveau maximum des sensations recherchées, choisissez un geste que vous retiendrez (exemple : croiser l'index et le majeur). Concentrez-vous sur le fait d'associer ce geste aux sensations ressenties.

Maintenez ce geste jusqu'à atteindre le niveau maximum des sensations ressenties (quelques secondes), puis relâchez.

Vous pouvez empiler les ancres, c'est-à-dire trouver de nouveaux souvenirs en lien avec ces mêmes sensations et les associer au même geste.

Ensuite, dans la vie quotidienne, dès que vous avez besoin de vous détendre ou de gérer un stress, faites ce geste, pour retrouver instantanément les sensations que vous y avez associées.

L'ancrage sera de plus en plus efficace au fur et à mesure du temps. Les premières fois où vous l'utiliserez, vous aurez peut-être besoin de vous concentrer sur le souvenir en question, pour faire remonter les sensations associées. Mais au bout de quelques utilisations, le simple geste vous permettra d'entrer instantanément dans les sensations recherchées.

J'ai moi-même posé un ancrage anti-stress que j'utilise régulièrement, et en toute discrétion !

N'hésitez pas à poser des ancrages pour différentes sensations recherchées... (stress, confiance en soi, sommeil, concentration…) Pensez évidemment à utiliser des gestes différents pour chacune des différentes sensations recherchées (car sinon, votre inconscient va s'emmêler les pinceaux !)

Amusez-vous, et surtout, souvenez-vous de les activer régulièrement pour les recharger !

8) Profiter des bienfaits d'un bain de pieds
#Detente

On n'y pense pas assez, et pourtant, si vous l'avez déjà testé, vous connaissez les sensations de détente apportées par un bain de pieds.

Mais au-delà du simple effet de détente, on attribue au bain de pieds le pouvoir d'atténuer la sensation de jambes lourdes, et de relancer la circulation sanguine.

📌 Comment faire ?

Préparez une grande bassine d'eau (pensez à vérifier avant si vos pieds rentrent dans la bassine !).

La température idéale est de 37°.
Attention : pour les personnes souffrant de problèmes veineux (varices…), prévoyez une eau un peu plus fraîche (32°).
Si vous souhaitez un effet « coup de fouet », vous pouvez aussi y mettre de l'eau froide (attention : pas glacée !)

Il ne vous reste plus qu'à… profiter ! Écoutez de la musique, feuilletez un magazine, ou… ne faites rien !

La durée maximale pour un bain de pieds est de 20 minutes. De quoi prendre facilement un temps pour soi !

Quelques recettes, pour varier les plaisirs !
📌 **Pour se détendre :**
Ajoutez une poignée de gros sel dans votre eau.
On dit par ailleurs que le bain de pieds au gros sel aurait la vertu de nettoyer le corps de ses énergies négatives. Ca ne coûte rien d'essayer !

Autre variante : ajoutez des fleurs de camomille (sans gros sel)
Et non, la camomille ne s'utilise pas uniquement en infusion !

📌 **Pour la douceur :**
Versez environ 200ml de lait de coco dans l'eau.
Vos pieds en ressortiront tout doux !

📌 **Pour la beauté des pieds :**
Ajoutez du vinaigre (blanc ou vinaigre de cidre) dans l'eau. Le vinaigre va ramollir les peaux mortes, et vous n'aurez plus qu'à sortir votre râpe à la fin de votre moment de détente.

📌 **Pour assainir les pieds :**
Ajoutez 3 cuillères d'aloe vera à l'eau de votre bassine.
L'aloe vera est connu pour ses propriétés antiseptiques et antifongiques.

9) Technique de visualisation : Rembobiner le film

#Energie
#Joie

Cette technique de visualisation a pour objectif de vous aider à faire le plein d'émotions positives, en allant piocher dans différents moments de votre vie. Un vrai shoot de bonne humeur et d'énergie !

📌 Imaginez-vous dans un décor agréable, dans lequel tout est calme et serein.

Dans ce décor, vous allez pouvoir repousser les limites, en rembobinant le film de votre vie, ce film dont vous êtes le personnage central.

Pour ce faire, vous pouvez imaginer plusieurs moyens de remonter le temps : une machine à voyager dans le temps, un chemin que vous remontez en sens inverse, un train qui fonctionne en marche arrière, un album photo qui vous fait remonter le temps, ou bien un film que vous rembobinez.
Choisissez la méthode qui vous semble la plus adéquate pour vous, intuitivement.

Commencez à remonter le temps, en souhaitant retrouver un souvenir positif, agréable.

Revoyez le décor de ce moment : les images, les sons…

Et concentrez-vous particulièrement sur les sensations. Que ressentez-vous à ce moment-là ?... Sentez ce qu'il se passe à l'intérieur de vous…

Puis dirigez-vous vers un autre souvenir, encore un peu plus lointain, toujours très agréable. Peut-être même que cela va se faire tout seul, sans même que vous ayez besoin d'y penser (cette partie plus inconsciente de vous-même fait très bien les choses toute seule parfois !)

Notez mentalement tout ce qui remonte à la surface, même parfois des éléments qui ne semblent pas cohérents.

Continuez le voyage en remontant jusqu'où vous le souhaitez.

Vous pouvez ainsi remonter jusqu'à votre enfance si vous le souhaitez, ou bien vous arrêter avant. Souvenez-vous de rester sur des souvenirs agréables, qui sont gérables émotionnellement.

Une fois que cela est fait, faites le voyage en sens inverse.

Revenez, année après année, vers votre âge actuel.

Tout au long de ce voyage retour, demandez à votre inconscient de se nourrir positivement de tous ces éléments d'information que vous venez de retrouver, de redécouvrir.

Indiquez lui qu'il sera en mesure d'utiliser toutes ces informations pour vous permettre de retrouver ou renforcer des sensations de joie, aujourd'hui et dans les mois à venir.

10) S'immerger et découvrir le bain de forêt

#Detente
#Energie
#EveilDesSens

Tout droit venu du Japon, le bain de forêt, ou sylvothérapie, recèle des vertus insoupçonnées.

📌 Le principe :
S'immerger en forêt en faisant appel à tous ses sens.

Un conseil : laissez votre téléphone au fond de votre sac ! *(mettez-le en « mode avion » par exemple)*
Le but étant de se fondre complètement dans les éléments qui vous entourent, toute source de distraction inutile pourrait venir impacter ce moment dépaysant.

Pour votre première expérience du bain de forêt, ne vous fixer aucun objectif. Attendez-vous simplement à accueillir tout ce qui vient.

Déambulez tranquillement à travers les arbres.

Soyez attentifs à tout ce qui vous entoure : les couleurs, les bruits de la nature, la température du lieu, l'odeur du mucus ou de la végétation, le craquement des feuilles ou petites branches sous vos pieds, la lumière qui filtre à travers les feuilles des arbres…

Au bout de quelques minutes, trouvez un endroit pour vous asseoir… et fermez les yeux. Goûtez à cette expérience avec tous vos sens !

Enfin, laissez-vous tenter par l'expérience ultime : faire un câlin à un arbre !
Au premier abord, cette suggestion peut paraître saugrenue, et pourtant… Des études ont montré un certain ralentissement du rythme cardiaque, provoqué par l'effet apaisant d'une telle pratique.

Notez d'ailleurs, de façon plus large, les bienfaits rapportés par des chercheurs japonais[12], qui ont montré que cette pratique avait des effets bénéfiques sur l'immunité, la fréquence cardiaque, le taux de cortisol (hormone du stress), et l'humeur.

Si vous habitez en ville et que vous n'avez pas de forêt près de chez vous, immergez-vous dans un parc. Il sera peut-être moins aisé de faire un câlin à un arbre sans passer pour un original, mais vous en retirerez également de nombreux bienfaits.

Enfin, si vous souhaitez vous laisser porter, faites appel à un guide sylvothérapeute ! Ils sont de plus en plus nombreux.

---

12 Les professeurs Qing Li et Yoshifumi Miyazaki

11) Faire une pause digitale

#Sommeil
#Concentration
#Detente

La pause digitale, vous en avez forcément entendu parler… mais l'avez-vous testée ?

Si vous êtes comme moi, un vent de panique vous envahit à la simple idée d'être séparé de votre téléphone portable plus de quelques heures.

Et pourtant !

Les bienfaits de la pause digitale sont nombreux…

Je vous rassure tout de suite, si vous n'êtes pas prêt à partir une semaine loin de tout, coupé du monde… moi non plus ! (du moins, pas tout de suite)

Mais tenter l'expérience de la pause digitale l'espace de quelques heures, c'est retrouver une liberté oubliée depuis quelques années.

Car oui, on parle ici de liberté.

J'ai acheté mon tout premier téléphone portable en 2004. Pourquoi est-ce que je me souviens de la date ?...
Tout simplement car j'ai résisté pendant plusieurs mois à l'emballement frénétique autour du

téléphone portable ! Pourquoi ? Car je ne voulais pas perdre ma liberté !!!

Pour moi, le fait d'avoir un téléphone portable, c'était synonyme de la possibilité d'être dérangée à n'importe quel moment, puisque joignable 24h/24. Et donc, cela venait empiéter sur ma liberté d'être seule, sans être dérangée.

Qu'est-ce qui m'a convaincue de sauter le pas ?... Le permis de conduire et l'achat d'une voiture… Aucune envie de me retrouver seule en pleine nuit avec un pneu crevé sans pouvoir joindre quelqu'un instantanément. Question de sécurité, donc…

📌 Les bienfaits de la pause digitale

La déconnexion permet d'éviter la sur-sollicitation entraînée par l'usage des écrans.

Sans cesse connecté, notre cerveau n'est jamais totalement au repos, toujours à l'affût de nouvelles infos ou en quête de reconnaissance sociale *(la chasse aux « Like » par exemple)*.

Que dire de l'impact des écrans sur le sommeil ? Vous avez sans doute entendu parler de la lumière bleue, diffusée par les écrans, qui serait défavorable à l'endormissement ?

Un conseil : lorsque vous allez vous coucher, laissez votre téléphone ou votre ordinateur dans une autre pièce. Ainsi, vous ne serez pas tenté de vous ruer dessus à la moindre insomnie (qui se transformera en nuit blanche si vous restez collé à votre écran).

Enfin, savourez votre liberté retrouvée ! Plus question, pendant ce « sas de décompression », d'être dérangé de façon inopinée, par un sms, un appel, un mail urgent de votre boss en plein week-end…

📌 **Mon conseil :**
Pour commencer, fixez-vous de petits objectifs : 1h, puis 2h… puis une demi-journée. Qui sait, vous parviendrez peut-être à vous détacher des écrans pendant tout un week-end ou une semaine entière avec de l'entraînement !

Si vous ne souhaitez pas (ou ne pouvez pas) vous couper de tout, mettez de côté les applications auxquelles vous êtes accrocs et qui ne vous sont pas indispensables : Facebook, TikTok, Twitter, Instagram,…

Pas à pas, goûtez aux bienfaits de la pause digitale…

12) Technique de visualisation : Le transfert d'état de ressources

#GestionDuStress
#ActivationDeRessourcesInconscientes
#ConfianceEnSoi
#Sommeil
#Creativite
#GestionDesEmotions

Cet outil transversal peut être utilisé dans de nombreuses situations, notamment celles pour lesquelles vous aimeriez générer un certain comportement, sans succès (gérer un stress, avoir confiance en vous, vous endormir facilement, être créatif, mieux gérer vos émotions, etc.)

📌 Pensez à la situation qui vous préoccupe.
Exemple : « Je suis désorganisé dans mon travail, et cela me crée beaucoup de stress. J'ai l'impression de courir partout sans être efficace. De ce fait, je me dévalorise et je manque de confiance en moi ».

Pensez maintenant à une situation complètement différente, dans laquelle vous vous sentez organisé et efficace, et pour laquelle vous avez confiance en vos capacités.
Exemple : « Lorsque je fais du bricolage (ou toute autre activité : cuisine, sport, jeux avec les enfants), je me sens totalement à ma place. Je prends le temps de m'organiser. Je prends plaisir à

faire ce que je fais. Je me sens efficace, je ne vois pas le temps passer, et quand j'ai terminé, je suis fier) de moi, parfaitement détendu et plein d'énergie à la fois.

Concentrez-vous maintenant sur ce souvenir agréable relatif à cette situation (la dernière fois que vous avez fait du bricolage si l'on reprend l'exemple ci-dessus).

Retrouvez-en tous les détails et vivez les, comme si vous y étiez :
- Quel temps fait-il ?
- Quels bruits vous parviennent ?
- Que voyez-vous ?
- Y a-t-il des odeurs particulières ?
- Le sens du toucher est-il utilisé ? Si oui, que sentez-vous entre vos mains ?

Concentrez-vous également sur toutes les sensations ressenties. Que se passe-t-il à l'intérieur de vous ?

En vous concentrant sur ces sensations agréables, choisissez de faire un geste que vous associez à cet état intérieur (il s'agit d'un « ancrage » (cf technique n°7) Par exemple, croisez l'index et le majeur de la main gauche).

Tout en maintenant ce geste, imaginez maintenant que vous partez en ballade.

Au cours de cette promenade, vous traversez un magnifique paysage, en pleine nature. Il fait beau, vous sentez les rayons du soleil vous réchauffer doucement, tandis que des oiseaux chantent gaiement au loin.

Maintenant, un pont se trouve à quelques mètres devant vous. Vous vous dirigez vers lui et le traversez. Ce pont est particulier, il est comme un lien vers la situation future sur laquelle vous choisissez de travailler aujourd'hui. C'est comme un passage dans le temps.
Vous demeurez dans les mêmes sensations que tout à l'heure, accompagné par ce geste que vous faites depuis tout à l'heure, et qui vous permet de maintenir des sensations agréables.

De l'autre côté du pont, vous voici maintenant arrivé devant la situation que vous savez.

Vous êtes heureux de constater que vous vivez cette situation exactement comme vous le souhaitez, avec toutes les sensations positives que vous avez emmenées avec vous.

Vous êtes en pleine possession de vos moyens, et vous vivez la situation en ayant totalement confiance en vous. Cette façon de vivre les choses est nouvelle pour vous et particulièrement adéquate à ce que vous souhaitez.

C'est un peu comme si, ici et maintenant, tout est comme dans votre souvenir de tout à l'heure.

Relâchez l'ancrage (ce petit geste que vous mainteniez depuis tout à l'heure)

Laissez les sensations s'imprégner dans votre inconscient. Vous savez qu'à partir de maintenant, plus les jours passent, et plus ce nouveau comportement va éloigner le précédent, jusqu'à l'effacer complètement.

13) Cuisiner un repas « healthy »

#EveilDesSens
#Energie
#Creativite
#Detente

Je ne sais pas pour vous, mais de mon côté, je n'ai pas toujours cuisiné…

Personne ne m'a vraiment appris à cuisiner, et les codes de ce que j'imaginais être « la vraie cuisine » m'impressionnaient quelque peu.

Les années ont passé… Je suis passée de la vie de célibataire à la vie de couple… Puis nous avons eu l'opportunité, via l'entreprise de mon conjoint, de nous abonner à un système de panier de légumes frais, livré chaque semaine.

Emplis de motivation à manger plus sainement, nous nous sommes lancés dans l'aventure.

Et c'est là que j'ai découvert que la cuisine ne tournait pas qu'autour des pâtes et des petits pois carottes en boîte !

Heureusement pour moi, le panier de légumes était accompagné d'un livret présentant des idées de recettes, pour accommoder les légumes inconnus. Car oui, à l'époque, les courges butternut m'étaient inconnues, tous comme les blettes, les pâtissons, et tout un tas d'autres délicieuses nourritures du même acabit.

Pas à pas, je découvris qu'on pouvait manger de bons produits, assez facilement, sans être un grand cuisinier, et sans que cela ne coûte plus cher.

La morale de l'histoire… si je l'ai fait… vous aussi vous pouvez le faire !

Si vous êtes déjà un habitué de la cuisine maison aux petits oignons, alors conservez vos bonnes habitudes.

Mais si vous êtes plus adepte des pâtes et pizzas, tentez l'aventure !

📌 **Mon conseil :**
Commencez par des recettes simples. Un alpiniste ne se lance pas tout de suite dans l'ascension de l'Everest !

Si vous souhaitez mettre un peu de peps et d'inattendu dans votre cuisine, lancez-vous le défi d'aller au marché et d'acheter un légume qui vous est inconnu, ou du moins que vous n'avez jamais cuisiné. N'hésitez pas à demander des conseils de cuisine au maraîcher, il se fera généralement un plaisir de vous renseigner !

Évidemment, vous connaissez déjà les bienfaits d'une alimentation équilibrée, je ne vous apprendrai rien à ce sujet…

Qui plus est, vous vous surprendrez peut-être, comme moi, a aimé faire la cuisine ! Personnellement, le temps que je passe derrière les fourneaux le soir constitue généralement (sauf fatigue extrême) un moment de décompression et de détente.

14) Technique de visualisation : Le nettoyage de printemps

#NettoyageEmotionnel

Il vous arrive parfois de porter des choses, de manière inconsciente, par habitude… Peut-être que vous avancez dans votre vie en portant les difficultés de vos proches… ou de vieilles émotions désagréables liées à des expériences passées… Et toutes ces choses que vous avez accumulé au cours de votre existence.

Cette accumulation inconsciente vous rend un peu plus lourd, et vous empêche parfois d'avancer, sans que vous n'y prêtiez forcément attention. Et puis, un jour, vous vous sentez las, fatigué, sans raison apparente.

Peut-être devriez-vous alors prendre le temps de vous décharger, de nettoyer, de vous délester de ce qui vous encombre de l'intérieur, tout comme vous prenez peut-être plaisir à le faire dans votre maison.

📌 Pour ce faire, je vous présente la technique qui suit…

Lors d'une ballade fictive, imaginez que vous arriviez devant la maison de votre enfance *(si cela est trop difficile pour vous, ou peu approprié à votre situation, imaginez la maison dans laquelle vous AURIEZ AIMÉ habiter lorsque vous étiez enfant).*

Vous entrez dans cette maison, et observez la pièce qui s'offre à vous. Vous ne vous y attardez pas ; vous empruntez l'escalier afin de monter à l'étage. Puis vous continuez votre ascension pour arriver dans le grenier de cette maison.

C'est une pièce que vous n'avez pas visité depuis longtemps, peut-être même jamais, et vous décidez de le faire maintenant.

Vous prenez le temps d'observer : tout est sombre, et semble poussiéreux.

Afin de donner plus de lumière à cet endroit, vous ouvrez les rideaux de cette petite fenêtre, que vous ouvrez pour laisser entrer de l'air.

Vous pouvez maintenant parfaitement observer ce lieu : des tas de choses y sont entassées… Certains souvenirs qui vous appartiennent, d'autres pas. Des boîtes, des malles poussiéreuses… De vieilles photos… Des vieux cartons.

Vous explorez tout ce bric à brac. Il y a de vieilles choses que vous reconnaissez, d'autres pas. Il y a aussi de vieilles émotions qui sont là, certaines qui vous appartiennent, d'autres pas.

Dans cet endroit, il y a des choses pour vous, et des choses qui le ne sont pas, et pourtant toutes ces choses sont arrivées dans VOTRE grenier, dans votre histoire…

Parmi ce fouillis, certaines choses sont utiles pour vous encore aujourd'hui. Vous décidez de les conserver.

Par contre, d'autres choses sont devenues inutiles. Vous décidez de vous en séparer. Vous décidez de mettre à la poubelle toutes ces choses qui ont perdu de leur sens, toutes ces choses négatives que vous souhaitez écarter, jeter.

Vous attrapez ce sac poubelle sur votre droite, et vous commencez à faire le ménage. Vous jetez, encore et encore, jusqu'à ce que la pièce ressemble exactement à ce dont vous avez besoin maintenant. C'est comme un nettoyage de printemps. Quelque chose qui fait du bien, qui allège.

Vous conservez uniquement ce qui a du sens pour vous, et qui vous est bénéfique encore aujourd'hui.

Lorsque vous avez fini, vous prenez le sac et redescendez l'escalier.

Vous sortez de la maison, et vous déposez ce sac au coin de la rue, là où les éboueurs viendront le chercher demain matin pour l'éliminer complètement.

Vous rentrez à nouveau dans la maison, montez l'escalier, et arrivez à nouveau dans ce grenier.

Tout a changé… Tout est beaucoup plus agréable. Vous pouvez ressentir de l'intérieur comme tout s'est allégé, comme tout est beaucoup plus serein, à la fois au fond de vous et dans cette pièce.

Vous prenez plaisir à observer ou redécouvrir ce que vous avez décidé de conserver à cet endroit.

Dans cet endroit, il y a un objet, ou bien une émotion, une photo, peu importe… Quelque chose qui constitue une ressource importante pour vous. Quelque chose dont vous auriez besoin maintenant, pour résoudre cette problématique que vous connaissez, ou simplement pour vous sentir mieux.

Vous vous dirigez naturellement vers cette chose. Vous la prenez entre vos mains, et vous ressentez instantanément comme elle vous fait du bien, comme elle vous donne exactement la sensation dont vous avez besoin en ce moment.

Cette petite chose, vous décidez de la conserver à l'intérieur de vous, à l'endroit de votre choix *(dans votre cœur, dans votre ventre, ou dans votre tête… ou à tout autre endroit de votre choix)*

Vous pouvez maintenant quitter sereinement cet endroit. Vous vous sentez bien, allégé, apaisé, serein.

Vous terminez tranquillement votre ballade.

15) Utiliser la technique du sourire
#Joie
#Energie

Peut-être avez-vous déjà entendu dire que le fait de sourire, même sans en avoir réellement envie, a un impact positif sur votre cerveau.

Comment cela est-il possible ?

Lorsque vous souriez, vos muscles faciaux s'activent. Ceci entraîne alors la production d'endorphines, l'hormone qui, entre autre, réduit le stress. S'ensuit alors une douce sensation de bien-être.

D'après une étude menée par Experimental Psychology[13,] *« les chercheurs ont constaté qu'un tel sourire forcé « stimule l'amygdale - le centre émotionnel du cerveau - qui libère des neurotransmetteurs pour encourager un état émotionnellement positif ».*

Ainsi, il est possible, en quelque sorte, de « tromper » notre cerveau pour en retirer des effets positifs.

---

[13] Lire à ce sujet l'article publié par futura-sciences.com : « Faire semblant de sourire peut vous rendre plus heureux » : https://www.futura-sciences.com/sciences/breves/bonheur-faire-semblant-sourire-peut-vous-rendre-plus-heureux-3060/

Évidemment, il n'est pas question de refouler vos émotions à coups de sourires enjoués, car votre corps saura vous rappeler à son bon souvenir.

Mais dans les moments où vous sentez venir un petit coup de mou, et que votre emploi du temps ne vous permet pas de prendre immédiatement un temps pour vous, autorisez-vous à sourire, tout en indiquant à votre subconscient que vous avez bien noté ce coup de mou, que vous l'entendez et en tenez compte.

Sachez aussi que le sourire est contagieux. Alors sentez-vous libre d'illuminer la journée de votre entourage avec votre plus beau sourire !

16) Technique de visualisation : Le lieu ressource

#Detente

Avez-vous déjà eu envie de quitter, l'espace de quelques minutes, l'agitation ambiante pour vous ressourcer dans un havre de paix ?
Certainement que oui. Et pourtant, bien souvent, cela n'est pas faisable dans l'immédiat.

Ici, je vous livre une technique qui vous permettra de trouver refuge dans un lieu qui constituera pour vous une véritable ressource, sans avoir à bouger de chez vous…

📌 Visualisez un endroit, réel ou imaginaire, dans lequel vous vous sentez bien. Il peut s'agir du lieu de vos dernières vacances, d'un endroit où vous aimez aller vous promener, ou d'un lieu complètement imaginaire.

Ajoutez-y un maximum de détails : nuances de couleurs, odeurs, sensations du sol sous vos pieds, bruits de la nature…

Même si vous avez des difficultés à visualiser précisément le paysage qui vous entoure, posez une intention : *« Je souhaite me ressourcer dans cet endroit… Profiter simplement de sensations de détente et d'apaisement »*.

Concentrez-vous sur les sensations présentes à l'intérieur de votre corps. Sentez comme le fait de vous trouver dans cet endroit vous permet d'accéder à un état de détente, de relaxation absolue.

Déambulez à votre guise dans ce lieu. Profitez-en pour en absorber toutes les énergies positives.

Vous pouvez même choisir de vous asseoir quelques instants dans ce fauteuil moelleux et confortable.

Une fois installé, concentrez-vous sur chaque partie de votre corps, qui, une à une, se détend. Demandez-vous quel est l'endroit de votre corps qui se détend en premier… Peut-être est-ce votre jambe droite ? Ou bien votre ventre ?...

A partir du point de détente initial, sentez comme l'onde de détente se propage au reste de votre corps, simplement, naturellement, comme accompagnée par l'énergie apaisante du paysage qui vous entoure.

Profitez de ce moment de détente aussi longtemps que vous en avez besoin.

Puis reprenez votre ballade dans cet endroit avant de terminer cette aventure. Vous savez que vous pourrez revenir dans cet endroit, qui est votre cocon, quand vous voulez.

17) Réaliser un soin du corps
#Detente

Et si vous transformiez votre salle de bains en institut de beauté l'espace d'un instant ? 1 heure ? Une après-midi ? Une soirée…

Prendre soin de son corps, c'est aussi prendre soin de son esprit.

« Prends soin de ton corps pour que ton âme ait envie d'y rester », proverbe indien

Gommage du visage, du corps, masque hydratant, crème raffermissante,… vous avez l'embarras du choix !

📌 Une fois par semaine, accordez-vous cette pause bien-être. Vous pouvez même choisir de créer vous-même vos soins de beauté.

Par exemple, **pour un gommage maison**, mélangez deux doses de sucre pour une dose d'huile (huile d'olive, huile d'amande douce…). Facile, non ?!

Pour hydrater votre corps, vous pouvez mélanger du miel dans de l'huile d'amande douce. Étalez ce mélange sur votre corps et laissez le poser une dizaine de minutes. Rincez à l'eau tiède ensuite.

Une autre idée de recette **pour prendre soin de vos ongles** (les grands oubliés de nos soins du corps en général !) :

Mélangez d'abord dans un bol 3 cuillères à soupe de sucre avec 2 cuillères à soupe d'huile d'olive.

Dans un autre bol, pressez le jus d'un citron.

Plongez d'abord les ongles dans le citron une dizaine de minutes. Rien de mieux pour les assainir ! Cela vous aidera également à les soigner s'ils sont abîmés (striés, jaunes, cassants, s'ils poussent peu, etc…)

Ensuite, plongez les ongles dans le deuxième bol. En même temps, frottez pour gommer (en douceur !)

Enfin, rincez bien à l'eau tiède, et hydratez avec une crème nourrissante.

Alors, quel soin allez-vous choisir de réaliser cette semaine ?...

18) Technique de visualisation : La bibliothèque intérieure

#CanalisationDesPensees
#Concentration

Vous êtes du genre à dire « *Je pense trop…* » ? Vos pensées vous envahissent à des moments inopportuns ? Vous êtes comme un hamster qui tourne sans cesse dans la roue de ses pensées en cascade ?... Nul doute que cette technique de visualisation sera votre alliée !

📌 Vous allez ici comparer votre cerveau à une grande bibliothèque.

Dans cette bibliothèque, vous avez rangé tous vos souvenirs… toutes vos compétences… tout ce que vous savez faire… Vous y avez rangé tellement de choses qu'il y a peut-être même des choses dont vous avez oublié qu'elles étaient là.

C'est d'ailleurs votre inconscient qui fait l'aller / retour permanent avec votre partie consciente, pour lui amener des informations, des souvenirs…

Imaginez… Vous arrivez dans cette bibliothèque. Observez le décor… Il y a sûrement des livres rangés un peu partout, sur des étagères, ou d'autres meubles. Peut-être y a-t-il un ou plusieurs bureaux, des tables…
Ici et là, des livres sont restés ouverts.

Quel(s) bruit(s) vous parviennent ? Peut-être y a-t-il une musique d'ambiance ?

Comment est l'éclairage ?

Adaptez l'éclairage de façon à ce qu'il vous convienne parfaitement, pour que vous puissiez observer nettement tout ce qui se trouve dans cette bibliothèque.

Si les meubles sont poussiéreux, et si vous le souhaitez, vous pouvez décider de les dépoussiérer.

Observez également comment sont rangés ces livres, vos souvenirs… Par ordre chronologique ? Ou bien par ordre alphabétique ? Ou bien dans un autre ordre logique ?...

Et puis il y a ces livres qui sont restés ouverts, qui traînent ici et là… Ce sont ces choses auxquelles vous pensez souvent… ou tout le temps…

Pourtant, pour profiter de chaque lecture, il est préférable de ne conserver qu'un seul livre ouvert à la fois. Vous savez que cela est beaucoup plus efficace.

Bien sûr, vous pouvez choisir de commencer un autre livre à tout moment… Mais pas avant d'avoir refermé celui que vous étiez en train de lire.

Alors vous allez choisir maintenant de ne conserver qu'un seul livre ouvert dans cette bibliothèque… Et vous allez ranger les autres.

Vous savez qu'à tout moment, chaque fois que vous en aurez besoin, vous êtes en capacité de retrouver l'endroit exact où est rangée chaque chose, chaque information dont vous avez besoin.

Maintenant que tout est rangé, assurez-vous que la bibliothèque est en ordre, exactement comme vous voudriez qu'elle le soit.

Vous pouvez sûrement ressentir un apaisement… Tout se calme dans votre esprit. Vous retrouvez de la sérénité.

Observez une dernière fois ce lieu avant de retourner faire ce que vous avez à faire.

19) Technique de visualisation : Un objet symbolique et apaisant

#GestionDuStress

Une technique efficace pour réduire le stress en quelques minutes seulement…

Dans cet exemple, la situation évoquée est celle d'un moment de conduite au volant d'une voiture, qui peut être source de stress pour certaines personnes. Cette technique est évidemment adaptable à toute situation stressante.

📌 Demandez-vous : qu'est-ce que ça me fait quand je pense au fait de conduire sur un long trajet ? => *J'ai une boule dans le ventre.*

Imaginez-vous prendre cette boule dans votre main droite. Comment est-elle ? Sentez son poids, sa température, voyez sa couleur, sa texture, peut-être émet-elle un son ou une musique stressante ?... *(l'inconscient est ici rassuré par le fait que vous ayez entendu son message, et que vous le preniez en considération)*

Pensez maintenant à la sensation que vous aimeriez ressentir à la place lorsque vous prenez le volant => *J'aimerais être parfaitement détendu, ventre relâché...*

Spontanément, pensez à une situation qui vous procure de la détente *(un bon bain chaud, une musique que vous appréciez, une balade en forêt...)*

Visualisez maintenant un objet qui représente cette situation (l'objet peut être en total décalage avec la situation. Il n'est qu'un symbole.) => *Je visualise un livre*

Maintenant, prenez cet objet dans votre main gauche *(le livre)*. Sentez son poids, sa température, voyez sa couleur, sa texture, peut-être émet-il un son ou une musique apaisante ?...

Recouvrez maintenant la boule de stress contenue dans votre main droite par le livre.

Fixez votre attention sur les sensations ressenties. Sont-elles en train de changer ? Poursuivez ce travail pendant quelques minutes, jusqu'à ce que les émotions ressenties soient parfaitement en accord avec les sensations que vous recherchez (détente).

Pensez ensuite quelques instants à la situation qui vous stressait au départ et voyez comme les sensations associées ont évolué.

Renouvelez les 3 dernières étapes autant de fois que nécessaire, jusqu'à atteindre les sensations recherchées

20) Se détendre avec l'auto massage des pieds

#Detente
#GestionDuStress

Souvent malmenés dans la vie de tous les jours, vous poussez parfois un soupir de soulagement lorsque vous libérez enfin vos pieds de vos chaussures, le soir, après une longue journée de travail…

Et si vous pouviez en prendre soin dans la journée, tout en vaquant à vos activités ?

Évidemment, cette technique vous sera utile uniquement si vous réalisez quelque chose qui vous permet de rester assis (travail de bureau par exemple).

Tout ce dont vous aurez besoin, c'est d'une balle de tennis.

📌 Après vous être déchaussé, restez assis, et faites rouler la balle de tennis sous la plante de vos pieds.

Vous pouvez choisir d'appuyer plus ou moins fort selon les zones du pied.

Effectuez des mouvements circulaires sur l'ensemble du pied.

Vos pieds sont composés d'une multitude de terminaisons nerveuses, et ce massage aura entre autre pour vertu de vous aider à évacuer le stress.

A noter également que chaque zone du pied est relié à un organe. Les spécialistes de la réflexologie plantaire le savent bien ! Ainsi, n'hésitez pas à explorer l'ensemble des zones du pied avec votre balle de tennis.

Enfin, pour ceux qui effectueraient ce massage à la maison, vous pouvez, si vous le souhaitez, terminer ce massage en prenant la balle de tennis et en la faisant rouler sur le DESSUS du pied.

Et pour le final, si vous le pouvez, enveloppez vos pieds d'une crème nourrissante… Le MUST !

21) Technique de visualisation : La technique du cinéma

#GestionDuStress
#GestionDesEmotions

Certaines situations vous stressent avant même de les avoir vécues. Vous les anticipez, vous imaginez parfois des scénarios catastrophes dignes des plus grands films hollywoodiens. Et au fur et à mesure que l'échéance approche, l'angoisse monte.

Avec cette technique, je vous propose d'aborder avec plus de sérénité les situations que vous anticipez comme de futurs moments de stress…

📌 Imaginez-vous en train d'entrer dans une salle de cinéma *(vous pouvez également imaginer un écran de cinéma en plein air).*

Choisissez la place qui vous semble la plus confortable.

Vous vous sentez parfaitement bien dans ce cinéma, en parfaite sécurité, et impatient de découvrir le film qui va se jouer dans quelques instants.

Dans un instant, un film va démarrer. Il s'agit du film de la situation qui vous stresse.

L'écran s'allume... Le film démarre... Vous observez cette scène de l'extérieur. Vous en êtes détaché.

Quelques sensations de stress peuvent apparaître, mais sans plus.

Vous choisissez de reculer l'écran. Par la seule force de votre pensée, l'écran recule... Ce qui est amusant, c'est que lorsque l'écran recule, les sensations désagréables diminuent.

Vous décidez donc de continuer à vous amuser... ! Vous attrapez la télécommande qui se trouve à votre droite. Il s'agit d'une télécommande particulière. Grâce à elle, vous pouvez modifier ce que vous souhaitez !

Amusez-vous à modifier la voix des personnages, le débit de parole... Faites varier les couleurs... Passez le film en noir et blanc si vous le souhaitez... Changez l'éclairage... Bref, faites-vous plaisir !

Voyez comme les sensations changent à l'intérieur de vous ! Peut-être même que, maintenant, vous trouvez la situation cocasse, risible !

Maintenant que vous avez testé le pouvoir de cette télécommande, utilisez la pour modeler le film que vous souhaiteriez voir. Vous êtes le scénariste !

Imaginez… Comment aimeriez-vous vivre cette situation ? Modifiez tous les éléments du film sur lesquels vous savez que vous pouvez avoir un impact dans la vie réelle. Changez vos comportements, vos réactions, vos sensations. Voyez comme tout est simple et fluide !

Prenez le temps nécessaire à ces changements. Pensez à rapprocher l'écran pour y voir plus clair et ressentir pleinement ces nouvelles sensations plaisantes.

Quand le film vous semble idéal, prenez le temps de le regarder. Ressentez toutes les sensations qui y sont associées.

Et si vous pouviez entrer dans le film ? Allez-y !
Passez à travers l'écran et rentrez à l'intérieur…
Voyez comme tout se passe bien pour vous. Vous vivez la situation sereinement, détendu.

Vous pourriez même appuyer sur « avance rapide » pour voir comme la suite du film se passe bien elle aussi. Expérimentez cette autre réalité qui est maintenant la vôtre. Imprégnez-vous de toutes ces sensations agréables et réconfortantes.

Profitez de cet endroit autant de temps que vous le souhaitez, puis décidez de la fin du film. Vous pouvez alors revenir dans l'ici et maintenant.

22) Écouter de la musique et la ressentir intensément

#Joie
#Detente
#Energie

Saviez-vous que la musique est un antidépresseur ?! Non ?... Et bien voici une excellente nouvelle !

Le fait d'écouter une musique que vous trouvez plaisante va activer, à l'intérieur de votre cerveau, ce que l'on appelle « le circuit de la récompense ».

Selon le neurologue Pierre Lemarquis[14], *« cette zone va inonder notre cerveau et tout notre corps de substances chimiques essentielles à notre existence et à notre joie de vivre : la dopamine (le neuromédiateur du plaisir et du désir), l'ocytocine (l'hormone de l'amour et de l'attachement), la sérotonine (reconnue pour ses vertus antidépressives) et également les endorphines (qui vont calmer nos douleurs et nous procurer une sensation de bien-être). Écouter une musique douce va diminuer notre sécrétion d'adrénaline et ainsi nous apaiser. À l'inverse, une mélodie plus rythmée nous procurera de l'énergie. Si certaines musiques nous trottent dans la tête, c'est justement parce que*

---

[14] Extrait de l'article « Les bienfaits de la musique sur notre cerveau », du site psychologie.com : https://www.psychologies.com/Culture/Savoirs/Musique/Inter views/Les-bienfaits-de-la-musique-sur-notre-cerveau

notre cerveau devient dépendant à toutes ces substances bienfaitrices. »

Personnellement, je trouve cela vraiment épatant... et en plus, c'est accessible à tous !

🖈 **Mon conseil :**
Créez-vous des playlists à l'avance, adaptées à vos envies du moment. Par exemple, une playlist « Feel good », pour booster votre énergie, une playlist "Détente", pour lever le pied en douceur, etc...

Même si vous ne pouvez y consacrer beaucoup de temps, prenez au moins 15 minutes pour écouter de la musique en pleine conscience. Pourquoi 15 minutes ? Parce que beaucoup de personnes que j'accompagne me disent qu'elles n'ont le temps de rien.

Ici, le principe est simple. Vous choisissez de vous consacrer ne serait-ce que 15 minutes. Si vous souhaitez et pouvez faire durer ce moment plus longtemps, allez-y !

23) Technique de visualisation : Un océan de calme

#GestionDuStress
#CanalisationDesPensees

Vous vous sentez envahi par vos pensées, que vous jugez trop nombreuses, et cela est une source de stress pour vous ? Essayez donc cette technique de visualisation…

📌 Imaginez-vous au bord d'un ruisseau…

Au premier abord, tout est calme, vous commencez à suivre le cours de ce ruisseau.
Il emmène avec lui quelques brindilles, quelques branches, un peu comme ces pensées qui vous suivent … puis qui s'accumulent.

Le ruisseau grossit de plus en plus, il devient une rivière. Il emmène avec lui toujours plus de petites choses, qui viennent le polluer…

Au fil de votre promenade, la rivière grossit de plus en plus, ct devient de plus en plus agitée. Vous vous rendez compte que cela devient inconfortable.

Puis, bientôt, la rivière se jette dans un espace d'eau infiniment plus grand… et plus calme… tel un océan

Toutes ces petites choses que la rivière traînait avec elle se retrouvent dispersées dans ce grand espace… Pour s'y perdre complètement et devenir futiles. Alors, toutes ces petites choses s'éloignent, comme vos pensées, qui elles aussi perdent de leur importance.

En même temps que vous vous régénérez au contact de cet océan, vous transmettez un message à votre inconscient. Vous lui signifiez qu'à chaque moment, correspond une pensée opportune. Et que, pour l'instant, votre pensée se concentre sur ces instants de détente et de relaxation.
Vous l'informez que vos pensées sont aussi dégagées que cet océan, vaste et calme.

Vous respirez calmement. Peut-être même pouvez-vous sentir les effluves de la mer, ou entendre le bruit de l'eau qui bouge tout doucement… tranquillement.

Tout est calme et tranquille. Vous profitez de ces sensations aussi longtemps que nécessaire, avant de revenir vers votre réalité.

24) Atteindre l'état de flow

#Detente
#Concentration
#ConfianceEnSoi
#Creativite

Si vous avez déjà été suffisamment absorbé par une activité en y prenant plaisir, et en oubliant le temps qui passe… au point de sauter un repas par exemple, alors vous connaissez ce que l'on appelle « le flow ».

Cet état a été identifié par un psychologue hongrois, Mihaly Csikszentmihalyi. Pour lui, l'état de flow est un état psychique dans lequel on se trouve lorsqu'on est engagé dans une activité qui nous intéresse en tant que telle, sans recherche de performance, mais simplement pour le plaisir de réaliser cette activité.

C'est en quelque sorte un état de grâce. Vous êtes concentré, absorbé par la tâche que vous réalisez, sans effort apparent. Le temps n'existe plus. Il se peut même que vous expérimentiez une sorte de distorsion du temps (les minutes s'écoulant plus vite que ce que vous aviez perçu).

Pour identifier une activité qui entraîne un état de flow, plusieurs critères sont posés :

- La perception du temps est altérée : la personne ne sait plus quelle heure il est, elle oublie de manger par exemple…
- La personne est totalement au contrôle de ses actions
- L'activité fournit une rétroaction immédiate, c'est-à-dire que l'individu peut tout de suite mesurer les résultats de son travail
- L'activité doit nécessiter de la concentration : c'est d'ailleurs cela qui va finir par faire oublier à la personne tout ce qu'il se passe autour d'elle
- Il faut que la tâche soit réalisable mais constitue un défi : les études ont montré qu'il fallait que l'activité en question nécessite un minimum d'effort pour entraîner l'état de flow, mais sans que cela soit trop difficile
- La personne s'oublie totalement durant la durée de réalisation de l'activité

Certaines activités entraînent naturellement cet état : faire de la musique, jouer à un jeu qui demande de la concentration, peindre, bricoler, écrire, cuisiner…

On s'oublie soi-même quand on est dans le flow.

On remarquera qu'une activité réalisée en état de flow est très satisfaisante, très gratifiante.

Selon certaines études, l'état de flow aurait un impact sur le bien-être, le bonheur, la concentration, l'estime de soi, la créativité et la performance !

En effet, une personne qui est en état de flow ressent une intense joie, un fort sentiment de bien-être, d'extase, pendant toute la durée où elle réalise l'activité concernée.

Et vous ? Quelle est l'activité qui vous place dans un tel état ?

Réfléchissez à la dernière fois où vous avez réalisé quelque chose qui vous a mis en joie, et vous a fait perdre la notion du temps ?... Vous êtes sur la bonne voie !

Et si aucune idée ne vous vient… il est peut-être temps de vous essayer à de nouvelles activités…

25) Technique de visualisation : Modifier sa petite voix intérieure

#CanalisationDesPensees
#ConfianceEnSoi
#Energie

Nous entendons tous notre petite voix intérieure. Cette voix qui nous accompagne en permanence, qui tantôt nous juge, nous encourage, ou nous dévalorise…

Je vous propose de vous observer durant les prochaines 24 heures. Notez le nombre de fois où votre petite voix intérieure va vous houspiller... Vous seriez étonné du résultat !

L'intérêt de pouvoir modifier votre petite voix intérieure est d'avoir un impact sur vos émotions, et par voie de conséquence, sur votre stress, votre énergie, votre confiance en vous, etc.

📌 Pour ce faire, entraînez-vous à cette technique de visualisation…

Concentrez-vous quelques instants sur cette petite voix intérieure :
- D'où semble-t-elle venir ? (De derrière vous ? Au-dessus de vous ? Plutôt à droite ? A gauche ?)
- Quel est son débit (lent ? rapide ? modéré ?)
- Quelle est sa tessiture ? (grave ? aiguë ? entre les deux ?)

- Quel est le ton employé ?

Maintenant, vous allez vous amuser un peu ! Modifiez cette voix, jouez avec ! Rendez la plus grave ou plus aiguë, pourquoi pas enfantine... Accélérez le débit, ou ralentissez le... Déplacez la voix devant vous ou derrière, ou à côté... Bref, pour vous aider, vous pouvez imaginer tenir une télécommande qui serait quelque peu magique.

Ressentez les changements d'état d'esprit que cela entraîne, et donc les changements au niveau des émotions que vous ressentez... Magique, non ?!

Pour finir : imaginez la voix que vous aimeriez entendre dans cette situation. Comment est-elle ? Vous pouvez même vous représenter la voix de quelqu'un que vous connaissez, ou même d'une star !

Ressentez les bienfaits de ce changement interne... Tout est plus zen, n'est-ce pas ?

26) Créer son carnet du bonheur
#Joie

Connaissez-vous le « biais de négativité » ?
Il s'agit du fait, pour votre cerveau, de porter davantage d'attention aux évènements négatifs et émotions négatives qui y sont associés.

« Dans les études menées par le psychologue John Cacioppo sur le traitement neuronal du biais de négativité, il a été prouvé que la réponse du cerveau aux stimuli sensoriels, cognitifs et moteurs négatifs provoque une activation beaucoup plus importante que les événements positifs. Surtout dans le cortex cérébral. »[15]

Un exemple :
Ce matin, l'une de vos collègues vous a complimenté gentiment sur votre tenue. Vous l'avez remerciée, et avez poursuivi votre routine de travail.
Quelques minutes après, au téléphone, un client de l'entreprise vous a remercié chaleureusement pour le soin que vous avez apporté à son dossier. Vous avez raccroché, le cœur léger.
Dans l'après-midi, un autre de vos collègues est arrivé dans votre bureau quelque peu énervé, vous reprochant une erreur dans le dossier que vous lui avez transmis. L'après-midi se poursuit, mais vous

---

[15] Extrait de l'article « Le biais de négativité selon la science » : https://nospensees.fr/le-biais-de-negativite-selon-la-science/

avez du mal à détacher votre attention (et vos émotions) de ce dernier incident.

En rentrant chez vous le soir, vous allez certainement pensé qu'il s'agissait d'une mauvaise journée, toute votre attention étant focalisée sur l'incident de l'après-midi.

Il faudrait ainsi 5 choses positives pour contre balancer 1 chose négative.

Ainsi, pour dompter ce biais, il serait intéressant d'entraîner notre cerveau à porter son attention sur des choses positives.

Il ne s'agit pas ici de s'entourer à tout prix d'une « positive attitude » forcée, loin de là. Encore une fois, des émotions négatives, lorsqu'elles se présentent, doivent être prises en compte, et accueillies.

Néanmoins, il nous est possible de rétablir un certain équilibre en attirant l'attention de notre cerveau sur les choses positives qui nous arrivent au quotidien.

📌 Mon conseil :

Choisissez un joli carnet, dans lequel vous aurez plaisir à écrire chaque jour. Si, pour une raison pratique, vous préférez utiliser le bloc-notes de votre téléphone ou de votre ordinateur, libre à vous de le faire !

Chaque soir, prenez 5 minutes pour noter 5 choses positives concernant votre journée.

Même si rien de « grandiose » ne vous est arrivé, autorisez-vous à vous arrêter sur des petits détails : « un joli papillon que vous avez pu admirer dans votre jardin », « le sourire du passant qui vous a remercié de l'avoir laissé traverser la route », « le compliment de votre boulanger sur votre mine resplendissante »,…

Prenez plaisir à relever ces petits « riens » de la vie. Votre état émotionnel s'en trouvera amélioré.

Et d'ailleurs, dans quelques années, vous aurez sûrement plaisir à venir piocher ces flash-backs dans vos carnets, comme de petits « shoots » de bonheur.

27) Technique de visualisation : La salle des machines

#ActivationDeRessourcesInconscientes
#GestionDuStress
#Creativite
#ConfianceEnSoi
#Sommeil
#NettoyageEmotionnel

Cette technique peut être utilisée dans de nombreuses situations, notamment lorsque vous souhaitez modifier un comportement, ou bien une réaction habituelle de votre corps face à une situation.

📌 Vous allez vous imaginer entrer dans une grande salle, semblable à une salle des machines.

Dans cette salle, il y a des écrans un peu partout, comme dans une tour de contrôle. Vous apercevez également des boutons, des leviers, des manettes,…

Vous avez l'impression qu'entrer dans cette salle des machines, c'est un peu comme entrer à l'intérieur de votre cerveau. Vous comprenez alors que vous allez pouvoir reprogrammer certaines choses, exactement comme lorsqu'on programme un ordinateur ou une machine.

Alors que vous entrez dans cette salle, prenez le temps d'observer, de poser le décor.

Puis, amusez-vous à tester les machines ! Poussez un bouton, ou un levier, monter le niveau de telle autre machine. En même temps, voyez si certaines choses se manifestent à l'intérieur de vous-même, bougent… ou changent…

Sentez comme toutes ces machines peuvent changer de programme facilement, tout comme vous pouvez le faire pour vous-même.

Sur les écrans de contrôle, vous pouvez visualiser en direct les changements que cela opère sur vous. C'est comme si un film de votre vie, ou de la situation (ou comportement) que vous souhaitez modifier, se déroule devant vous.

Vous pouvez maintenant choisir d'archiver ce vieux comportement que vous ne souhaitez plus reproduire. Il vous a certainement rendu service à un moment, mais il n'est plus adéquat aujourd'hui. Alors, simplement, vous l'archivez, ou vous pouvez aussi décider de le placer dans la corbeille.

Concentrez-vous maintenant sur la façon la plus adéquate de reprogrammer votre cerveau et votre inconscient, dans cette salle des machines, afin qu'il vous aide à modifier le comportement que vous connaissez dans le sens que vous savez.

Tournez les boutons, actionnez les leviers, jouez avec les manettes, saisissez-vous du clavier, etc. Bref, amusez-vous !

Si rien ne vous vient, faites confiance à votre inconscient et laissez le faire le travail ! Utilisez si besoin le signaling[16] pour vérifier s'il a fini.

Regardez le résultat des changements opérés sur les écrans de contrôle.
Concentrez-vous également sur les changements qui s'opèrent à l'intérieur de vous-même à cet instant. Sentez comme les sensations, les émotions, évoluent dans le sens que vous avez choisi.

Poursuivez ce travail jusqu'à être entièrement satisfait du résultat.

---

[16] A lire « Parlez avec votre inconscient : utilisez le signaling » : https://www.anouslhypnose.com/parlez-avec-votre-inconscient-utilisez-le-signaling/

28) Faire quelque chose pour quelqu'un, de façon désintéressée

#Joie

Frédéric LENOIR, philosophe, parle du bonheur dans son livre « Du bonheur, un voyage philosophique »[17].

Et il transmet ces résultats étonnants : les études montrent que le bonheur, c'est 50 % de génétique, 40 % de ce que l'on fait, et 10 % liés aux conditions environnementales extérieures.

Autrement dit, peu importe si vous êtes nés au cœur d'une favella ou au sein d'une villa paradisiaque, vous pouvez être heureux par le biais de ce que vous faites au quotidien.

Mais pour cela, le philosophe insiste sur le fait qu'il est primordial de réaliser des choses qui vous tiennent à cœur, qui vous « remplissent », qui vous donnent l'impression d'être à votre juste place.

Alors, quoi de mieux pour être heureux que de donner du bonheur à quelqu'un ?

---

[17] Lenoir, F. (2015). *Du bonheur, un voyage philosophique.* Editions Fayard

Les études scientifiques montrent que le fait de donner aux autres favorise le bien-être, et décuple les sensations positives[18].

D'ailleurs, n'avez-vous pas noté le bonheur que cela vous procure d'offrir à un ami, un proche, un cadeau que vous avez soigneusement choisi ?

Et cette source de bonheur n'est jamais tarie : votre cerveau ne se lasse pas de la générosité dont vous faites preuve, et vous le rend bien.

📌 Ainsi, cette semaine, je vous propose de faire quelque chose pour quelqu'un, de façon complètement désintéressée.

Même si vous avez peu de moyens, vous pouvez vous prêter facilement au jeu : prenez des nouvelles d'un proche, d'un ami, cuisinez un gâteau pour quelqu'un ou pour vos collègues, proposez à votre meilleur(e) ami(e) de garder ses enfants pour lui dégager du temps pour lui(elle), faites un don à une association, etc.

Soyez créatif ! Et sentez à l'intérieur de vous comme le circuit du bonheur s'active…

---

[18] A lire, une étude scientifique citée dans l'article « Pourquoi être généreux rend heureux ? », sur le site cerveauetpsycho.fr :
https://www.cerveauetpsycho.fr/sd/neurobiologie/pourquoi-etre-genereux-rend-heureux-12636.php

29) Technique de visualisation : Un film apaisant

#Sommeil

Vous avez des difficultés à trouver le sommeil ? Vous pensez à toutes ces choses que vous avez à faire, à celles que vous auriez dû faire… A des situations problématiques… A ce que vous auriez dû répondre à telle personne…

Je vous invite à essayer cette technique de visualisation, qui pourra vous emmener tout droit vers les bras de Morphée…

📌 Une fois allongé, fermez les yeux et imaginez-vous en train d'entrer dans une salle de cinéma. Vous choisissez la place qui vous semble la plus confortable. Vous vous installez, et vous vous sentez bien, parfaitement bien. Pour l'instant, l'écran de cinéma est éteint, mais dans un instant, il va s'allumer pour diffuser un film.

Maintenant, imaginez que sur cet écran est projeté un film de vos préoccupations du moment, celles qui vous empêchent parfois de dormir. Vous pouvez voir cette scène de l'extérieur, comme un simple observateur, tout en conservant des sensations agréables à l'intérieur de votre corps.

Une première scène relatives à ces choses apparaît. Imaginez que vous ayez une télécommande qui vous permet d'y apporter des modifications. Vous pouvez par exemple changer les voix des personnages, en accélérer le débit, jusqu'à les rendre drôles. Vous pouvez également modifier les couleurs… passer le film en noir et blanc.

Imaginez maintenant que vous accélérez le film, jusqu'à arriver à la fin. L'issue de ce film est heureuse. Tout le monde rentre chez lui serein. Tout ce que vous aviez à faire est réalisé.

Le film se termine, l'écran s'éteint. Mais dans un instant, il va se rallumer pour un film d'un tout autre genre.

Repensez maintenant à un souvenir agréable. Choisissez un souvenir tranquille, dans lequel vous étiez parfaitement détendu, relaxé, pourquoi pas un peu somnolent *(comme lors d'un massage relaxant par exemple)*.

Imaginez maintenant que ce souvenir soit projeté devant vous, sur ce grand écran. Vous revoyez les scènes de ce souvenir, les images, les sons, vous en ressentez toutes les sensations. Focalisez-vous particulièrement sur les sensations ressenties. Prenez votre temps.

Bientôt, un autre souvenir du même type s'enchaîne, et prend la place de l'autre sur l'écran. Il est tout aussi relaxant et apaisant.

Puis un nouveau film d'un nouveau souvenir agréable apparaît, etc…

Faites défiler les films jusqu'à être parfaitement détendu… et vous endormir paisiblement *(et oui, il nous est tous arrivé un jour de nous endormir facilement et rapidement devant un film !)*

30) Choisir d'aller rendre visite à une personne qui rend heureux

#Joie
#Energie

Réfléchissez... Lorsque vous passez du temps avec vos amis, vos proches, votre état émotionnel est impacté.

Peut-être avez-vous remarqué que lorsque vous passez l'après-midi avec Eric, vous rentrez chez vous reboosté, comme empli d'une énergie positive. Même si vous avez juste échangé ensemble le temps d'un café, c'est comme si ce qui se dégage de lui vous avait transmis une énergie positive.

Vous vous sentez détendu, ou plein d'énergie, ou peut-être même que vous fourmillez de nouvelles idées, de nouveaux projets à mettre en œuvre...

A l'inverse, demain, vous avez projeté de voir Nathalie. Inconsciemment, vous y allez à reculons, car vous savez que chaque fois que vous la voyez, votre énergie baisse d'un cran. Nathalie n'est pas franchement une personne qui va de l'avant. Et elle aime particulièrement critiquer, rabaisser, et passe beaucoup de temps à se plaindre.
Bizarrement, beaucoup d'évènements négatifs lui arrivent, qui viennent la conforter dans ses plaintes perpétuelles.

Vous essayez chaque fois de la rassurer ou de l'aider, mais sans résultat.

Cette dernière « catégorie » de personnes sont parfois appelées « vampires psychiques ». Ce sont des personnes qui se nourrissent de votre énergie, et ne vous offrent rien en retour.[19]
Elles ne sont souvent pas méchantes, mais sont en recherche perpétuelle d'amour et d'attention.

Autant que faire se peut, pour conserver un haut niveau d'énergie, évitez de fréquenter ce genre de personnes. Évidemment, vos amis, même les plus positifs, auront des passages à vide, et vous pourrez être là pour eux lorsque ce sera le cas.

Mais globalement, repérez les personnes avec qui vous vous sentez bien, et alimentez de saines relations avec elles.

Alors, cette semaine, quel(le) ami(e) allez-vous choisir de voir ? Nul doute que cet échange sera bénéfique pour l'un comme pour l'autre !

---

[19] A lire à ce sujet, le livre de Stéphane Clergé « Les vampires psychiques : comment les reconnaître, comment leur échapper», éditions Fayard, 2018

31) Technique de visualisation : La couverture magique

#Sommeil

Vous trouverez ici une autre technique vous permettant de vous endormir plus facilement.

📌 Pensez à tout ce dont vous auriez besoin pour mieux dormir selon vous : la température idéale, des pensées calmes et apaisées, un lit confortable, une couverture douillette et moelleuse, l'épaule de quelqu'un que vous aimez,... ajoutez-y tout ce dont vous avez besoin (peut-être une musique douce ou toute autre chose...)

Imaginez maintenant que vous vous rendiez dans un atelier un peu spécial...

Alors que vous poussez la porte, vous découvrez une petite mamie qui s'attèle à la tâche. Parmi elle, des dizaines d'ouvrages en cours de fabrication : des couvertures de toutes les couleurs, toutes plus jolies et moelleuses les unes que les autres.

Mais cette femme a un talent particulier : celui de pouvoir vous confectionner la couverture idéale, celle qui contient tous les ingrédients qui font un bon sommeil pour la personne à qui elle s'adresse *(ingrédients que vous avez listés ci-dessus).*

Vous lui demandez donc de vous confectionner votre couverture idéale, celle avec laquelle vous passerez à coup sûr de bonnes et douces nuits, comme au temps où vous dormiez d'un sommeil profond et réparateur.

Aussitôt, cette petite mamie se met en route et confectionne pour vous cette couverture.

Tandis qu'elle poursuit puis qu'elle achève son travail, vous découvrez l'atelier. Il s'y dégage une ambiance agréable, feutrée.

Bientôt, votre couverture est confectionnée et vous pouvez repartir avec, non sans avoir remercié préalablement votre bienfaitrice.

Heureux de cette trouvaille, vous l'admirez d'abord, vous voyez sa couleur, vous ressentez sa texture, vous sentez son odeur… Puis vous vous empressez de l'essayer. Confortablement allongé dans votre lit, sous cette couverture moelleuse à souhait, c'est comme si vous pouviez sentir un à un tous les ingrédients qui la constituent *(ceux de votre liste)*.

Vous prenez plaisir à vous lover à l'intérieur, et vous prêtez attention à toutes les sensations de détente qui émergent dans votre corps.

En quelques minutes à peine, vous vous endormez, et dormez toute la nuit d'un sommeil réparateur.

32) Vaporiser son oreiller avec une brume parfumée

#Sommeil
#Detente
#Eveil des sens

Cette semaine (et plus si affinités...), c'est décidé, vous vaporisez chaque jour votre oreiller avec une douce brume parfumée !

📌 A quoi cela sert-il ?

On ne va pas se mentir, la première utilité est olfactive, car... c'est tellement agréable !

Mais bien sûr, cela va plus loin que le simple plaisir olfactif. Souvent, les brumes pour oreiller sont composées d'huiles essentielles. Et si vous avez feuilleté les pages de ce livre, vous avez certainement vu que les huiles essentielles avaient de nombreuses vertus (voir technique n° 2)

Si vous souhaitez utiliser des brumes d'oreillers adaptés à toute la famille, misez sur les brumes à base d'hydrolats.

La star des brumes d'oreiller est sans conteste celle à base de lavande, reconnue pour ses vertus apaisantes, et donc favorisant le sommeil.

Mais vous pourrez aussi miser sur d'autres brumes, à base d'huile essentielle de clémentine, ou d'hydrolat de fleur d'oranger par exemple.

🖈 Pour fabriquer vous-même votre brume d'oreiller, voici une recette extraite du site planetezerodechet.fr[20] :

Ingrédients :
- 35 ml d'alcool à 70°C
- 15 ml d'eau florale de lavande bio (ou d'eau de source si vous n'en avez pas)
- 15 gouttes d'huile essentielle de lavande ou de lavandin super bio
- 10 gouttes d'huile essentielle de petit grain bigaradier bio
- 5 gouttes d'huile essentielle de mandarine bio

Ustensiles à prévoir :
Un flacon en verre muni d'un spray d'au moins 50 ml (le flacon d'un ancien hydrolat par exemple).

Étapes de préparation :
1/ Désinfectez vos ustensiles et votre flacon à pompe (propre et vide).
2/ Versez l'alcool, puis l'eau florale de lavande et ajoutez les trois huiles essentielles. Si vous le souhaitez, vous pouvez choisir de n'en utiliser

---

[20] https://planetezerodechet.fr/brume-oreiller-naturelle-lavande-recette-mieux-sendormir/

qu'une seule (la lavande étant la plus efficace sur le sommeil).

3/ Refermez votre flacon à pompe et secouez bien pour mélanger.

A vous de jouer !

Le petit plus : en plus de parfumer vos oreillers, ce délicat parfum se répandra généralement dans toute votre chambre !

33) Technique de visualisation : L'énergie venant de l'arbre

#Energie
#GestionDuStress

Certains pratiquent la sylvothérapie, pratique qui utilise le contact avec les arbres pour gérer son stress et booster son énergie.

Grâce à cette technique de visualisation, vous allez pouvoir retrouver ces bienfaits, sans bouger de chez vous (après, rien ne vous empêche de reproduire cet exercice en pleine nature, vous en retirerez beaucoup de bienfaits !)

📌 Imaginez-vous dans le décor de votre choix.

Observez les couleurs, ressentez la température du lieu, écoutez les bruits de la nature, sentez les odeurs, celles de la végétation ou autre… Soyez attentifs à tous les détails.

Vous allez progressivement ajouter des arbres à ce décor (à moins qu'il n'en contienne déjà)

Sentez comme vous vous sentez déjà mieux, à déambuler dans ce décor.

Vous avez maintenant la possibilité d'aller puiser dans l'énergie présente dans les arbres autour de vous.

Pour ce faire :
Choisissez l'un de ces arbres, celui qui vous attire le plus (peut-être l'aviez-vous déjà repéré dès le début)

Approchez-vous de lui et posez une main sur son tronc afin de poser un premier contact.

Puis adossez-vous contre cet arbre.

Visualisez toute l'énergie circulant dans cet arbre, à travers la sève.

C'est comme si vos pieds prennent maintenant racine tout comme cet arbre, et vous pouvez sentir la force, l'énergie, que vous pouvez retirer de celui-ci.

C'est comme si la Terre vous nourrissait. Et plus elle vous nourrit, plus vous vous sentez empli d'une belle énergie. Et vous puisez toute l'énergie dont vous avez besoin, pour vous, en ce moment.

Sentez comme l'arbre contre lequel vous êtes appuyé est en fait relié imperceptiblement à d'autres arbres. Ils communiquent entre eux, ils échangent. Et tous ces beaux échanges permettent à chacun de gagner en énergie encore davantage.

Vous faites maintenant partie de cette ronde, de cette danse. Alors vous vous laissez entraîner dans cette jolie danse. Et plus les minutes passent, plus vous sentez cette énergie monter en vous, comme la sève nourrit les arbres.

Prenez le temps qu'il vous faut contre cet arbre, puis reprenez votre chemin en saluant votre bienfaiteur avant de partir.

Vous savez qu'à partir de maintenant, chaque fois que vous en aurez besoin, cet arbre et ses confrères seront présents pour partager avec vous toute l'énergie dont vous avez besoin.

34) Sortir pour admirer les étoiles
#Detente

C'est une habitude qui se perd. Généralement, le soir, la plupart d'entre nous sommes partagés entre l'écran de notre télévision et de notre tablette (ordinateur, téléphone,…).

Personne ou presque n'a le réflexe de sortir sur sa terrasse ou de s'installer à sa fenêtre pour admirer les étoiles.
Sans parler du fait que la pollution lumineuse des grandes villes rend les étoiles moins visibles.

Et pourtant…

Si vous avez déjà pris le temps d'observer les étoiles, alors vous savez…

Vous savez comme ce moment vous plonge dans un état semblable à celui de la méditation.

Vous savez comme cet instant vous permet de vous interroger sur votre place dans l'univers, remettant ainsi en quelque sorte vos « problèmes du quotidien » dans une perspective toute autre.

Vous savez comme cela provoque en vous une sensation de quiétude, d'apaisement.

De plus, en vous éloignant des écrans et de leur lumière nocive à l'endormissement, vous préparez doucement votre corps et votre esprit au sommeil.

Et si, comme moi, vous avez des difficultés à vous poser un long moment « sans rien faire », commencez par admirer les étoiles quelques minutes seulement.
Et qui sait, peut-être oublierez-vous la notion du temps, et vous laisserez-vous hypnotiser un peu plus longtemps ?

35) Technique de visualisation : Dans la peau de quelqu'un d'autre

#Creativite

Vous pensez manquer de créativité ? Vous aimeriez être plus créatif dans la vie de tous les jours ? Alors, cette technique de visualisation est faite pour vous !

A noter : on pense souvent que les créatifs sont ceux qui créent des œuvres artistiques : musiciens, artistes peintres, vidéastes… A mon sens, la créativité s'exprime aussi à travers vous dans la vie quotidienne. Peut-être êtes-vous doué pour trouver des solutions créatives à vos difficultés ou à celles des autres (car oui, on est souvent plus créatif pour régler les problèmes des autres que les siens… !)

Toujours est-il que, si vous souhaitez développer votre créativité, vous pourriez vous essayer à ce petit jeu de visualisation :

📌 Pensez à une personne que vous considérez comme très créative, qui pourrait être un mentor pour vous dans ce domaine. Cela peut être quelqu'un de votre entourage, que vous connaissez, ou bien quelqu'un de connu, une star, un acteur ou un peintre par exemple, que vous ne connaissez pas particulièrement, mais qui vous inspire de par son côté créatif.

Concentrez-vous sur cette personne et mettez-vous dans sa peau :

- Comment voit-elle ?
- Qu'entend-elle ?
- Que ressent-elle ?
- Imaginez sa voix
- Sentez son parfum…

Vous et elle ne faites qu'un : vous êtes cette personne en ce moment même !

Concentrez-vous sur ce que vous ressentez. Quelles sensations vous viennent ? Comment vous sentez-vous ?

Y a-t-il des choses qui vous conviennent parfaitement et que vous pourriez prendre pour vous-même ?
Ou bien au contraire des choses qui ne vous conviennent pas, voire qui vous mettent mal à l'aise, ou vous procurent des sensations inconfortables ?

Retirez de cette expérience ce qui est bon pour vous : que souhaitez-vous conserver de cela et arranger à votre manière ?

Demandez à votre inconscient d'intégrer cela en vous, et de le faire se développer, puis ressurgir dès que vous en aurez besoin.

Ici, l'objectif n'est pas de vouloir être quelqu'un d'autre… Vous êtes unique. Mais plutôt d'utiliser des ressources insoupçonnées qui peuvent émerger en vous en faisant semblant d'être quelqu'un d'autre.

L'illusion d'être quelqu'un d'autre vous permet de faire fi de vos à priori, ou des éventuelles limites que vous vous imposez sans vous en rendre compte.

36) Réaliser un nettoyage de printemps
#GestionDuStress

Si vous êtes plutôt du style désordonné, alors offrez-vous ce moment de… bien-être !

Comment ça ?... Comment le fait de ranger, trier et nettoyer votre maison peut-il vous amener vers un état de bien-être ?

Des études ont prouvé qu'une maison désordonnée aurait un impact négatif sur le cerveau. Selon la psychothérapeute Dana Dorfman, *« les êtres humains préfèrent naturellement se retrouver dans un espace bien aménagé afin de sentir qu'ils ont le contrôle sur eux-mêmes »*.

A contrario, l'accumulation d'objets renverrait inconsciemment à des expériences et émotions négatives.
Cela contribuerait également à sur-stimuler inutilement le cerveau, notre œil étant attiré en permanence par toutes les choses se trouvant autour de nous.

Vous savez donc ce qu'il vous reste à faire !
Le fait de ranger déclencherait des endorphines, contribuant ainsi à diminuer notre part de stress.

Cependant, certains d'entre vous se retrouvent peut-être confrontés à une difficulté majeure : ils ne savent pas trier… car ils ne peuvent se résoudre à se séparer de leurs affaires, même lorsqu'elles ne leur sont plus d'aucune utilité. C'est le fameux *« Ca peut toujours servir ! »*

Alors si vous êtes dans ce cas, et que vous avez décidé de faire un pas vers une maison mieux rangée, et donc plus zen, je vous conseille d'y aller étape par étape. Inutile de vouloir trier et ranger entièrement votre maison en une seule journée, vous seriez vite découragé. Choisissez d'abord une pièce de la maison, peut-être celle qui vous semble la plus simple à trier et à ranger.

Si vous souhaitez des conseils pointus en la matière, ou si vous souhaitez vous faire accompagner, je ne peux que vous conseiller de vous tourner vers Stéphanie Brimont, dirigeante de *« Maison et Harmonie »*[21]. Spécialiste du feng shui (entre autre !), Stéphanie est une véritable coach pour qui veut retrouver l'harmonie dans sa maison.

Je pourrais également vous conseiller les techniques de la célèbre Marie Kondo, que l'on ne présente plus[22]. Au-delà de son livre ou de ses conseils distillés un peu partout sur le net, vous pourrez même visionner une série documentaire sur Netflix, intitulée *« L'art du rangement avec Marie Kondo »*.
A vos carnets de notes !

---

[21] https://www.maisonetharmonie.com/
[22] « La magie du rangement », Marie Kondo, éditions First, 2015

37) Technique de visualisation : La séance de ciné qui rebooste

#Energie

Vous avez un petit coup de mou ? Vous avez besoin de retrouver de l'énergie en un temps record ? Cette technique est faite pour vous !

A noter : si la fatigue se manifeste, prenez le temps, dès que vous le pouvez, de vous reposer. Votre corps a aussi besoin de recharger ses batteries. La technique ci-après peut se révéler utile si vous n'avez pas le choix que de poursuivre votre journée, et que vous devez impérativement retrouver un niveau d'énergie acceptable, sans avoir l'occasion de vous reposer dans l'immédiat (par exemple : c'est la fin de journée et vous devez animer une grosse réunion d'équipe).

📌 Commencez par visualiser devant vous un grand écran de cinéma, blanc.

Vous pouvez placer le décor que vous souhaitez autour : dans une vraie salle de cinéma, en plein air, dans votre salon, sur une planète imaginaire, sur la lune… Bref, l'essentiel étant que vous vous sentiez bien dans cet endroit !

Quand vous êtes prêt et confortablement installé, imaginez que vous pouvez projeter sur cet écran le souvenir d'un moment qui vous avez donné une énergie de dingue ! Votre dernière fête d'anniversaire, une phrase qu'un(e) ami(e) vous a dite et qui vous a re-boosté, un projet que vous avez fait aboutir et pour lequel vous avez rencontré un franc succès... Bref, choisissez le souvenir que vous souhaitez...

Si rien ne vous vient au premier abord, demandez à votre inconscient de faire remonter un souvenir approprié.

Une fois que le film se déroule sous vos yeux :

Imprégnez-vous de tous les détails : visuels, auditifs, et les sensations que cela vous procure.

Visualisez ensuite que cet écran grandit de plus en plus, et donc les images deviennent elles aussi de plus en plus grandes.

En même temps que l'image grandit, les sensations d'énergie qu'elle procure deviennent elles aussi de plus en plus grandes, de plus en plus intenses, jusqu'à atteindre leur paroxysme.

Profitez intensément du moment, et de toutes les sensations induites ! Ressentez toute l'énergie qui se faufile en vous. Soyez curieux de noter l'endroit du corps où l'énergie est la plus intense. Ou amusez-vous à suivre son trajet dans votre corps...

Pour aller plus loin, vous pourriez même choisir de rentrer dans l'écran, comme si vous entriez à l'intérieur du film, afin de vivre les choses de l'intérieur.

Une fois que vous avez pleinement profité de cette séance de cinéma improvisée, retrouvez doucement les sensations de votre corps posé dans l'espace dans lequel vous êtes, et rouvrez lentement les yeux pour retrouver le contact avec votre environnement.

38) Masser son cuir chevelu

#Detente
#EveilDesSens

Les bienfaits du massage ne sont plus à prouver. Véritable détente corporelle, le massage a la vertu de réduire le taux de cortisol, hormone responsable du stress.

Il permet également de sécréter des endorphines, celles-ci apportant détente et sérénité.

Par ailleurs, masser des muscles endoloris, ou qui ont été durement sollicités, va permettre immédiatement de les détendre.

Les grands sportifs bénéficient d'ailleurs tous de ces précieux moments de détente, indispensables à l'entretien de leur corps.

Oui, mais voilà, vous n'avez peut-être pas un masseur sous la main ! Et le prix d'un massage en institut est peut-être plus élevé que ce que votre budget vous autorise. Aucun souci, j'ai la solution !

Le massage du cuir chevelu…

Au-delà de son effet apaisant, il pourra même vous permettre de renforcer votre cuir chevelu.

En effet, *« on renforce et on stimule l'irrigation sanguine au niveau du follicule pileux, là où le cheveu se forme et pousse »*[23].

Si vous le pratiquez juste avant de vous endormir, il pourra aussi vous aider à tomber plus rapidement dans les bras de Morphée.

📌 Comment faire ?

Seulement 3 minutes suffisent !
Il existe de nombreux conseils ou méthodes sur le net pour masser efficacement le cuir chevelu, certaines étant plus complexes et précises que les autres.

J'ai choisi ici de vous proposer une méthode simple, que vous pourrez maîtriser tout de suite. Mais si le cœur vous en dit, n'hésitez pas à creuser le sujet !

📌 La technique :
- Posez vos coudes sur la table.
- Penchez votre tête vers l'avant.
- Placez vos mains de chaque côté de votre crâne, en écartant légèrement les doigts.

---

[23] Source « 5 questions qu'on se pose toutes sur le massage du cuir chevelu » :
https://www.elle.fr/Beaute/Cheveux/Astuces/Massage-du-cuir-chevelu-72496

- Massez votre cuir chevelu avec des mouvements circulaires, du bout des doigts.

Voilà une technique toute simple à tester cette semaine !

39) Technique de visualisation : La vision périphérique

#Concentration
#CanalisationDesPensees

La vision périphérique est habituellement utilisée comme outil pour l'induction (l'induction est l'étape qui consiste à modifier l'état de conscience, pour entrer en état d'hypnose, ou en méditation), mais c'est également un excellent moyen pour faire en sorte que vos pensées arrêtent de défiler dans tous les sens…

📌 Choisissez un point devant vous (vous pouvez vous asseoir ou bien rester debout)

Fixez ce point le plus intensément possible, comme si c'est ce point qui compte le plus pour vous à cet instant.
Pour que cela reste confortable, n'hésitez pas à cligner des yeux quand le besoin s'en fait sentir.

Imaginez la distance qui vous sépare de ce point. Vous pouvez également vous figurer un lien, qui relie vos yeux à ce point.

Puis, sans quitter ce point du regard, observez tout ce qui se trouve dans votre champ visuel à votre droite. Vous êtes en effet capable de voir tout ce qu'il y a à votre droite sans bouger les pupilles. Décrivez mentalement les choses que vous voyez.

Faites de même à gauche, en observant tout ce qui se trouve dans votre champ visuel sur votre gauche.

Votre attention est donc à la fois focalisée devant vous, sur votre droite, sur votre gauche. Cela vous demande une grande concentration. Au début de votre pratique, vous pouvez vous limiter à ce qui se trouve à proximité immédiate… Puis élargir votre champ de vision un peu plus tard, lorsque vous serez entraîné à cette technique.

Faites la même chose en visualisant les objets qui se trouvent en haut, et en bas, puis les deux à la fois.

Prenez ensuite conscience de tout ce qui se trouve dans votre champ de vision.

Si vous le souhaitez, vous pouvez maintenant faire quelques pas, en maintenant cette vision périphérique.

Quand vous le souhaitez, terminez cet exercice en retrouvant une vision plus classique.

Conservez de cet exercice les sensations qui en découlent, et cette impression d'être « focus ».

40) Technique de visualisation : La power respiration

#Energie

Une autre technique qui vous permettra de retrouver instantanément une bonne dose d'énergie !

📌 Vous allez simplement imaginer qu'à chaque expiration, vous soufflez toute la fatigue que vous avez en vous… Et qu'à chaque inspiration, vous inspirez toute l'énergie dont vous avez besoin.

Vous pouvez compléter cette visualisation par un tas de détails qui viendront enrichir les sensations ressenties :

- Imaginez de quelle couleur est l'air que vous inspirez, et de quelle couleur est l'air que vous soufflez.
- Ressentez-en la température… L'air frais qui entre, et l'air plus chaud qui ressort…
- Concentrez-vous sur les sensations à l'intérieur de votre corps : que ressentez-vous quand vous soufflez cette fatigue loin de vous, et que ressentez-vous quand vous inspirez cette énergie ?
- Imaginez comme cette source d'énergie intègre la moindre de vos cellules, comme elle vous nourrit de l'intérieur…

- Vous pouvez même, si vous le souhaitez, imaginer d'où vient cette source d'énergie. Par exemple, et cela est une variante, j'aime souvent imaginer comme une douche de lumière qui descend sur moi et qui me nourrit de son énergie.

Ainsi, vous constaterez qu'au bout de quelques minutes seulement, vous vous sentirez plus dynamique, prêt à vous lancer dans l'activité que vous aviez prévue ou à reprendre vos activités avec plus d'entrain !

41) S'essayer à une nouvelle activité

#Creativite
#ConfianceEnSoi
#Detente

Cette semaine, je vous propose de vous essayer à une nouvelle activité !

Au fond de vous, vous avez certainement un rêve… Je ne vous parle pas de ces rêves immenses qui consistent à faire le tour du monde en ballon ou à traverser la manche à la nage… Mais de rêves accessibles à chacun, de façon immédiate.

Je ne sais pas ce qu'il en est pour vous, mais il m'arrive parfois que je me dise *« Tiens, un jour, j'aimerais bien monter à cheval »*. Ou *« Un jour, j'aimerais bien m'essayer à la poterie »*. Ou encore *« Un jour, j'aimerais faire un grand gâteau comme on en voit dans les vitrines des pâtisseries ou à la télé »*…

Et vous savez comme moi que les *« Un jour… »* finissent souvent cn *« Jamais »*.

Pourquoi cela ? Car ce genre d'activité, qui nous est inconnue, nous demande un effort conséquent.
Il faut par exemple trouver un lieu qui propose ce genre de choses, trouver un moment pour se consacrer à l'activité en elle-même, et surtout… oser se lancer !

Car oui, le fait d'essayer une nouvelle activité nous oblige souvent à sortir de notre zone de confort.

La bonne nouvelle, c'est que le fait de sortir de cette zone de confort nous permet de renforcer notre confiance en nous. Et à force de petits pas, cette confiance va grandir, et nous donner le courage de nous essayer à de nouvelles expériences.

L'autre bonne nouvelle, c'est qu'il y a de grandes chances que vous y trouviez du plaisir ! En effet, vous êtes rarement attiré par hasard par une activité qui vous est inconnue. Inconsciemment, celle-ci répond sûrement à l'un de vos besoins (créativité, lien avec la nature, besoin d'extérioriser une émotion, etc.)

Alors, quelle nouvelle activité allez-vous tester cette semaine ?!

📌 Mon conseil :

Pour sauter le pas plus facilement, une fois que vous avez choisi une activité, parlez-en autour de vous et voyez si un(e) ami(e) peut vous accompagner. A deux, vous vous sentirez rassuré et aurez plus de chance de sauter le pas !

42) Prendre du temps pour danser

#Detente
#Energie
#ConfianceEnSoi

Vous n'êtes pas un professionnel de la danse ?...
Moi non plus !

Et pourtant, danser recèle de nombreuses vertus. La neurobiologiste, Lucy Vincent, explique[24] que *« "la coordination de mouvements complexes au rythme de la musique stimule nos connexions cérébrales, en même temps qu'elle préserve notre santé et renforce notre estime de nous-même"*.

Que de bienfaits, vous ne trouvez pas ?!

Sans parler du fait que la danse est assimilable à une séance de sport, bonne pour notre corps, et utile pour se sculpter une silhouette de rêve !

Si vous décidez de prendre des cours de danse en salle, vous allez même pouvoir stimuler votre cerveau, en faisant appel à vos fonctions d'attention et de mémorisation.

A noter : selon votre état de santé, consultez votre médecin qui pourra ou non vous conseiller la pratique de la danse.

---

[24] *« Faites danser votre cerveau »,* Lucy Vincent, éditions Odile Jacob, 2018

Si vous ne souhaitez pas aller jusqu'à vous inscrire à un cours de danse, vous pourriez simplement choisir d'aller danser, l'espace d'une soirée, dans votre bar latino favori ! (ou autre endroit de vos rêves !)

Enfin, si la perspective d'une danse parmi la foule vous impressionne, faites comme moi… dansez dans votre salon !
Le plus simple : montez le volume et déhanchez-vous comme bon vous semble ! Rien de mieux pour vous défouler…
Une autre option : explorez YouTube pour y trouver le cours de danse qui vous conviendra. Certains cours sont même en libre accès.

Alors, vous n'avez plus d'excuse, programmez dès maintenant votre séance de danse pour cette semaine !

43) Technique de visualisation : Le tableau
#MobiliserDesRessourcesInconscientes

Le tableau est un outil de visualisation transversal que vous pouvez utiliser dans beaucoup de situations, essentiellement pour modifier un comportement.

Le tableau représente ici votre inconscient, à qui vous allez pouvoir transmettre des messages, et les ancrer durablement.

📌 Visualisez un décor apaisant autour de vous, un endroit dans lequel vous aimez aller vous promener par exemple. Prenez le temps d'observer, écouter, sentir, ressentir…

Pensez au comportement que vous souhaiteriez modifier et demandez-vous ce que représente, évoque pour vous la situation qui s'y rattache, et qui ne vous convient plus.
Exemple : « Je veux changer ma façon de réagir quant à mon travail »
Qu'est-ce que ma situation professionnelle m'évoque et que je veux changer ?
- *Du stress et de l'inconfort*

Qu'est-ce que je voudrais ressentir à la place ?
- *Du plaisir à mener mon projet professionnel et de l'aisance. J'aimerais être plus détendu au travail.*

Imaginez qu'un tableau est posé devant vous. Cela peut être un tableau noir, ou un tableau blanc, tel qu'on en trouve dans les salles de classe.

Imaginez que, sur ce tableau, sont inscrits des mots ou des dessins qui renvoient aux notions auxquelles vous venez de penser.
Exemple : sur ce tableau, sont écrits les mots « stress » et « inconfort » (si une image vous vient à l'esprit quant à votre situation, n'hésitez pas à vous la représenter comme étant dessinée sur le tableau)

Vous allez pouvoir maintenant effacer ces mots de ce tableau. Mais vous allez le faire consciencieusement, lettre par lettre.
Prenez le chiffon qui se trouve juste à côté du tableau, et commencez à effacer le premier mot, puis le deuxième.
Et chaque fois que vous effacez une lettre, c'est comme si le mot perd un peu plus de son sens. Et comme il perd de son sens sur ce tableau, il perd également son sens à l'intérieur de vous, dans votre esprit. C'est comme s'il s'efface complètement à l'intérieur de vous. Ce vieux comportement s'éteint.

Une fois que le tableau est complètement vide, vous allez pouvoir écrire les mots ou la phrase de votre choix (et même le compléter par le dessin de votre choix si vous le souhaitez)

Imaginez qu'une jolie craie (ou un joli feutre) est posée devant vous. Visualisez sa couleur. Prenez la en main, et commencez à écrire sur le tableau.

Exemple : « A partir de maintenant, j'éprouve du plaisir et de l'aisance à mener mon projet professionnel. Je me rends détendu au travail et cette sensation demeure toute la journée. »

Comme vous écrivez cette phrase, visualisez comme elle s'inscrit au plus profond de vous-même, à l'intérieur de votre esprit. C'est comme si cette phrase s'ancre à l'intérieur de vous. Elle remplace l'ancien comportement.

Relisez cette phrase pour vous-même plusieurs fois, comme si vous vous faisiez une promesse.

Focalisez également, tout au long du processus, sur les sensations ressenties : se débarrasser de quelque chose d'inconfortable (=> apaisement, légèreté retrouvée ou toute autre sensation), et mettre en place un nouveau comportement (entrain, enthousiasme, sérénité, ou toute autre sensation…).

44) Pratiquer le Hygge
#Detente
#GestionDuStress

Connaissez-vous le Hygge ?
Le « Hygge » est un mot danois, et bien plus qu'un simple mot, il est un concept à lui seul.

Le Hygge est le fait de créer une atmosphère chaleureuse, et d'en profiter pour passer des moments simples et agréables, avec des gens que l'on apprécie (seul, cela fonctionne également). Joli programme, n'est-ce pas ?

Pour le pratiquer chez vous, c'est très simple, pensez « cocooning » ! Cette pratique ne s'explique pas réellement, elle se vit.

Pour une touche de Hygge dans votre intérieur, pensez à allumer des bougies. Pour 85% des Danois, il n'y a pas de Hygge sans bougie.
En été sur votre terrasse ou le bord de la fenêtre, et en hiver, dans votre salon, vous créerez aussitôt une ambiance chaleureuse et intimiste.

Pour aménager votre intérieur, pensez à alléger les pièces. Pour la déco, optez pour des objets en bois ou en céramique. Privilégiez des teintes naturelles, apaisantes.

Et pour la touche de cocooning, pensez à ajouter des coussins, des plaids, des assises confortables.

Pour illuminer vos soirées, privilégiez surtout les lumières tamisées. Démultipliez les points lumineux à différents endroits de la pièce, pour créer une harmonie.

Vous pouvez aussi par exemple vous amuser à aménager un petit espace en « coin repos/détente » avec tous ces éléments.

Mais le Hygge va aussi plus loin. Il nous invite à prendre conscience des petits moments de bonheur du quotidien, pour nous emplir d'un sentiment de satisfaction. Si vous utilisez la technique du « carnet du bonheur » citée plus haut, vous êtes « Hygge » !

Le Hygge nous invite aussi à ralentir le rythme, afin de prendre davantage conscience du moment présent. Cette philosophie peut être rapprochée de la méditation de pleine conscience. Elle favorise un état émotionnel plus serein, apaisé.

Enfin, avec le Hygge, il est plus que conseillé de vous chouchouter ! A vous les soins réconfortants, les massages apaisants… Vous trouverez évidemment un tas d'idée dans ce livre !

Maintenant que vous cernez mieux la philosophie du « Hygge », sentez-vous libre de l'expérimenter !

45) Se regarder dans le miroir le matin et se répéter que la journée va être bonne

#Joie
#GestionDuStress

Connaissez-vous la méthode Coué ?[25]

La première fois que j'ai entendu parler de « pensée positive », cela devait avoir quelque chose à voir avec la méthode Coué, et sa phrase culte : *« Tous les jours, à tous points de vue, je vais de mieux en mieux »*[26]. Traduit dans la vie de tous les jours, j'en avais compris qu'il suffisait que je me répète que mes projets allaient réussir pour qu'ils réussissent. Certes, cela avait retenu mon attention, mais de là à le mettre en application chaque jour…

Qu'est-donc que ce concept ?

Si nous remontons très loin en arrière, nous remarquons qu'il est abordé dans le bouddhisme : *« Nous sommes ce que nous pensons »*. Ainsi, nos pensées auraient une influence sur ce que nous sommes, et par conséquent, sur nos actions, et ce qui en découle.

---

[25] Ci-après, des conseils extraits du livre « Libre de rêver : quand tout devient possible », Virginie DAUM, 2018

[26] Coué, E. (2013). La méthode Coué. La maîtrise de soi par l'autosuggestion consciente. Kd'z Edtions

Ces dernières années, c'est un best-seller, *Le Secret*[27], qui vient remettre ce concept au goût du jour. Le principe qui y est évoqué renvoie à la loi d'attraction : tout ce à quoi vous pensez vous est apporté par l'Univers. Autrement dit, si vos pensées sont négatives, vous attirez le « malheur ». Si elles sont positives, vous attirez à vous des évènements qui font votre bonheur.

Je suis d'accord pour dire que l'on est ce que l'on pense. Si je passe mon temps à me focaliser sur ce que je n'ai pas, ou sur ce que je ne suis pas, je développe des énergies négatives. Pire encore si je me mets à envier ce que mon voisin possède.

Imaginez : cela fait quelques années que vous travaillez dans la même entreprise. Vous vous ennuyez dans votre poste de travail. Tous les jours, vous partez de chez vous en trainant les pieds. Vous ruminez votre mal-être au travail. Vous en parlez avec vos collègues. Clairement, votre travail vous pèse. Pour tuer l'ennui, vous participez activement aux ragots qui circulent autour de vous. Cela pimente votre quotidien !
Puis un beau matin, lors d'une réunion, votre directeur vous annonce que l'un de vos collègues

---

[27] Byrne, R. (2006). *Le Secret*. Atria Publishing Group. Beyond Words Publishing

est promu à un poste que vous enviez. C'est la douche froide. Vous êtes en colère, écœuré, vous ruminez dans votre coin. Vous étiez là avant lui, vous auriez dû avoir ce poste, mais on ne vous l'a même pas proposé. Vous ne tardez pas à faire étalage de votre mécontentement auprès de vos collègues. »

Cela vous parle ?... C'est un comportement courant : je ne vais pas bien… je me focalise sur ce qui va mal… ça continue à aller mal. Et quand ça va bien pour mon voisin, cela me dérange. Et si l'on changeait de point de vue un instant ?

Mon job ne me convient plus… d'accord ! Alors, qu'est-ce que je peux faire pour que cela change ? De quoi aurais-je besoin ? Qu'est-ce qui ne me plaît plus dans ce que je fais ? Qu'est-ce qui me procure encore de la joie ? Ai-je une marge de manœuvre pour changer les choses ? Et si je pouvais changer quelque chose, par quoi je commencerais ? Est-ce que je peux en échanger avec ma hiérarchie ?

Cette dernière question entraîne parfois la réponse suivante : *« Ça ne sert à rien que j'en parle à ma hiérarchie, je sais que ça ne changera rien ! »*...

Avez-vous seulement essayé ? Avez-vous des pistes de solution à suggérer à votre manager ? Êtes-vous prêts à exposer des arguments solides pour qu'ils aient une chance d'être entendus ? Très souvent, on se contente de souligner ce qui ne va pas, et on en oublie l'essentiel… que puis-je proposer pour que cela se passe mieux ?

Bref, plutôt que de partir en s'avouant vaincu, si on essayait de prendre la route avec l'espoir que de jolies choses peuvent se passer ?

Évidemment, il est de bon ton de rester réaliste quant à ses objectifs, et être conscient du fait que tout ne se passera pas bien tout le temps. Mais ne peut-on pas considérer que les accidents de parcours font partis du voyage ?

Si je veux être complètement honnête, je dois avouer que ces incidents, que je rencontre comme tout le monde, ont le don de me plomber toute envie de poursuivre mes buts parfois. Il arrive même que je m'effondre très vite et très fort… mais cela ne dure jamais longtemps ! Je me relève toujours, et je continue d'y croire. Ou bien, simplement, l'échec me fait envisager les choses de façon différente, et me permet de comprendre que la voie envisagée est sans issue, et qu'il me faut réajuster l'itinéraire.

Alors, cette semaine (et peut-être même chaque matin de l'année), êtes-vous prêt à vous regarder dans le miroir et vous répéter que la journée va être bonne ?

46) Ne rien faire pendant au moins 20 minutes

#Detente
#Creativite

Ne rien faire… Vous me rétorquerez peut-être *« Inutile de recevoir des conseils pour ne rien faire ! »*

Si le fait de vous poser sans autre but que de vous reposer ne vous pose aucun souci, alors en effet, je ne vous apprendrai rien d'extraordinaire.
Néanmoins, si vous faites partie des personnes qui ont du mal à s'arrêter, qui sont adeptes des to-do listes, qui ont toujours leur téléphone ou ordinateur entre les mains, etc… alors, ces conseils sont pour vous !

Sachez que ce courant philosophique devient à la mode aux Pays-Bas, un peu comme le fameux « hygge » des Danois. Ils appellent cela le « Niksen »[28].

📌 Quels en sont les bénéfices ?

Lorsque vous ne faites rien, votre cerveau, lui continue à travailler. C'est à ce moment qu'il traite l'information, en profondeur. Vous l'avez peut-être d'ailleurs déjà remarqué… Vous travaillez sur un

---

[28] A lire à ce sujet : *« Le livre du Niksen »*, Olga Mecking, éditions First, 2020

sujet complexe. Vous vous arrachez les cheveux depuis plusieurs heures, et vous tournez en rond. Las, vous décidez de faire une pause… Quelques minutes plus tard, la solution vous saute aux yeux ! En effet, les bénéfices du Niksen ont trait entre autre à la créativité.

De plus, il est maintenant bien connu que le fait de se reposer réduit le niveau de cortisol, et réduit le stress.

📌 Qu'entend-on par « ne rien faire » ?

Il s'agit simplement de s'autoriser à laisser vagabonder ses pensées, sans chercher à les contrôler. Cela peut s'apparenter à une douce rêverie. Vous ne vous fixez absolument aucun objectif.

Alors, la prochaine fois que vous prendrez les transports en commun par exemple, plutôt que de passer le trajet à consulter votre téléphone, prenez le temps de ne rien faire… Laissez-vous porter par vos rêveries !

Et si vous ne prenez pas les transports en communs, profitez d'une tasse de thé pour tester le fameux « Niksen ».

47) Technique de visualisation : La technique de l'atelier

#ConfianceEnSoi

Avez-vous envie de vous sculpter une confiance en vous à la hauteur de vos ambitions ?!
Testez alors cette technique de visualisation !

📌 Imaginez que vous arrivez dans un endroit similaire à un atelier d'artiste.
La pièce est très agréable, très cosy, avec une grande verrière qui donne sur l'extérieur.
Partout, des dessins, des peintures, ou même des sculptures, sont en cours, ou bien sont achevés.
Des crayons, des pinceaux, des peintures, des feutres, sont disséminés un peu partout.
Vous sentez que c'est un endroit inspirant.

Face à vous, il y a une toile sur son pupitre. Elle est encore blanche. Elle attend l'artiste qui lui donnera vie.

Aujourd'hui, cet artiste, c'est VOUS.

Approchez-vous de cette toile. Commencez à dessiner la personne que vous voudriez être. Physiquement, quels seraient vos traits si vous aviez complètement confiance en vous ? Comment seriez-vous habillé ? Coiffé ? (Maquillé(e) éventuellement)

Appliquez-vous, faites de vous le portrait de vos rêves. Voyez comme les couleurs sont lumineuses, comme elles vous vont bien !

Une fois que vous avez terminé, regardez sur votre droite. Vous y voyez une boîte, un joli coffret en bois. Ouvrez-la. Elle contient toutes les qualités dont vous avez besoin pour avoir complètement confiance en vous.

Réfléchissez à ce dont vous auriez besoin pour être en pleine possession de vos capacités, pour avoir complètement confiance en vous.

Servez-vous, et intégrez au portrait devant vous toutes ces qualités. Ressentez de l'intérieur ce que cela provoque comme sensations en vous.

Une fois que votre portrait est complètement terminé et que vous lui avez donné tout ce que vous souhaitiez, imaginez-vous pouvoir prendre cette image de vous-même, et l'enfiler, comme on enfile un bon manteau bien chaud en plein hiver.

Sentez comme c'est agréable. Concentrez-vous sur ce qui est en train de changer à l'intérieur de vous.

Et comme vous enfilez cette image, semblable à un manteau, c'est comme si ce manteau devenait une seconde peau… Et bientôt, ils fusionnent complètement avec vous. Vous ne devenez plus qu'un. Ressentez toutes les qualités que vous avez

164

mises dans ce portrait, qui sont en train de fusionner avec vous, de s'intégrer complètement.

Toutes ces qualités sont comme des petites graines plantées à l'intérieur de vous. Ces petites graines vont pousser de plus en plus durant les prochains jours. Jusqu'à devenir de sublimes fleurs colorées.

Dans un coin de l'atelier se trouve un grand miroir. Approchez-vous de celui-ci pour admirer la nouvelle personne que vous êtes. Regardez comme tout a déjà changé. Vous êtes une nouvelle personne. Celle que vous avez toujours souhaité être peut-être.

Vous avez pleinement confiance en vous. Et ces petites fleurs vont continuer à s'épanouir aussi longtemps que vous le souhaiterez.

48) Rechercher durant la journée des senteurs qui font du bien

#Detente
#EveilDesSens

Connaissez-vous l'aromachologie ?

L'aromachologie explore le lien qui existe entre les odeurs et le domaine psycho-émotionnel. Et les études montrent qu'il y a un lien évident entre notre humeur et les odeurs qui nous entourent.

Voici ce qu'il se passe lorsque vous sentez une odeur : les récepteurs de cette odeur envoient des signaux vers le cerveau, et plus particulièrement au système limbique.

C'est le système limbique qui est en charge de la mémoire et des émotions.

Ainsi, vous allez avoir tendance à apprécier plus ou moins une odeur en fonction du souvenir qu'elle vous évoque, et des émotions qui y sont rattachées.

Avez-vous déjà remarqué comme l'odeur d'un lieu pouvait en changer totalement sa perception ? En négatif comme en positif d'ailleurs…

Ainsi, certaines odeurs peuvent avoir un impact positif sur votre humeur.

📌 Je vous propose donc de vous amuser, cette semaine, à rechercher des odeurs qui vous mettent de bonne humeur !

A la manière d'un enquêteur, partez à la recherche des odeurs qui vous font vibrer, sourire, rêver...

49) Prendre du temps pour chanter

#Joie
#GestionDuStress
#ConfianceEnSoi

Saviez-vous que chanter, c'est bon pour le moral ?!
(un p'tit air de Compagnie Créole pour vous accompagner... 😁)

Je ne sais pas s'il en est de même pour vous, mais bien que je ne sois pas une grande chanteuse, j'avais déjà noté que le fait de chanter me rendait plus détendue, voire plus heureuse.

Et bien figurez-vous qu'il est prouvé que le fait de chanter peut faire baisser votre taux de cortisol, c'est-à-dire l'hormone responsable du stress, et à contrario, augmenter votre taux d'endorphine, c'est-à-dire l'hormone qui apaise justement l'anxiété et le stress.

Fabuleux, non ?!

📌 Alors, cette semaine, sentez-vous libre de chanter sous la douche, dans votre voiture, ou simplement au milieu du salon !

Et les bienfaits peuvent être encore plus nombreux si vous franchissez le pas de chanter au sein d'une chorale, école de chant ou autre.

En effet, le fait de chanter dans un groupe, et d'apprendre certaines techniques vocales, peut décupler les bienfaits du chant :

- Intégration dans un groupe,
- Posture spécifique au chant qui améliore le maintien lombaire,
- Développement des fonctions cognitives (avec l'apprentissage des paroles),
- Confiance en soi (pour oser chanter en public),
- Travail des muscles (du visage, mais aussi de tout le corps, en fonction de la posture adoptée),
- Travail sur la respiration (et donc meilleure oxygénation),
- Etc…

Et sans aller jusqu'à prendre des cours de chant, de nombreux endroits permettent maintenant de privatiser de petites salles de karaoké. A vous les soirées entre amis autour de vos chansons préférées !

50) Créer son tableau de visualisation[29]

#ActivationDeRessourcesInconscientes
#ConfianceEnSoi
#CanalisationDesPensees

Peut-être avez-vous déjà entendu parler du tableau de visualisation…

C'est un outil qui va vous permettre de maintenir le cap dans vos projets, vous aidant à conserver la motivation nécessaire à la réalisation de vos objectifs.

📌 **Comment réaliser VOTRE tableau de visualisation ?**

J'ai une bonne nouvelle pour vous : c'est simple, ludique et rapide !

- Cherchez des images en lien avec votre projet de rêve (dans vos magazines préférés, sur Pinterest, Instagram, etc.)
- Faites la même chose avec des mots ou des citations qui vous inspirent
- Imprimez les photos, citations que vous choisissez de conserver
- Sortez vos ciseaux et appliquez-vous pour découper tout ce petit monde

---

[29] Extrait de mon blog « POTENTIEL(S) Cabinet Conseil » : https://potentielscabinetconseil.com/tableaudevisualisation/

- Choisissez un support : une simple feuille de papier un peu épaisse, une toile, une grande feuille en format A3
- Collez et disposez les éléments de votre "œuvre d'art" : amusez-vous ! Utilisez de la colle, mais aussi du masking tape, des feutres pour y ajouter des petits dessins personnels, des rubans, des autocollants, etc.

Ta-da ! Votre tableau de visualisation est terminé !!! Vous sentez le vent de la réussite vous caresser doucement le visage ?…

A titre d'illustration, voici le tableau de visualisation que j'avais réalisé à l'époque où j'étais en train de construire mon projet pour devenir Praticienne en Hypnose :

📌 Comment l'utiliser ?

Trouvez d'abord un endroit pour l'exposer.
Si vous avez envie que tout le monde puisse admirer votre œuvre et vous pose des questions, alors affichez le fièrement dans votre salon. Qui sait, vos visiteurs pourront peut-être abreuver votre soif de motivation…

Ou alors, vous pouvez plus simplement l'accrocher dans votre chambre, un endroit où vous êtes sûr de vous trouver au moins deux fois par jour, le matin et le soir.

Le principe : prendre quelques secondes pour vous plonger dans votre œuvre, et ressentir toutes les émotions, les sensations associées à votre futur succès, COMME SI VOUS Y ÉTIEZ VRAIMENT !

Imaginez toutes les étapes que vous allez franchir pour atteindre votre but, même si elles sont peut-être floues pour l'instant.

Voyez-vous en train de les franchir aisément, comme si tout se déroule exactement comme vous l'aviez prévu.

Imaginez-vous arriver au sommet, toucher le but de votre démarche : ça y est, vous réalisez votre projet !!!

Ressentez tout ce que cela vous procure : peut-être du bonheur, de la fierté, de la joie, de l'excitation, de l'énergie,... Grisant, non ?!

Faites-le aussi souvent que possible, usez et abusez de ce super pouvoir de visualisation !

51) Essayer le coloriage anti-stress

#GestionDuStress
#Detente

Avez-vous déjà cédé à la mode du coloriage anti-stress pour adulte ? Non ?!... Et bien, je vous invite à tenter l'expérience.

Jusqu'alors, le coloriage était pour moi une activité exclusivement réservée aux enfants. J'ai découvert qu'il n'en était rien.

En effet, le coloriage aurait des vertus insoupçonnées, et notamment celle de réduire le stress.

Le fait de colorier de petites zones (types mandalas ou autres) fait appel à des gestes précis, et répétitifs. Hors, des études ont montré que le fait de répéter les mêmes gestes activerait une zone dans le cerveau, celle-là même qui s'active lorsque vous pratiquez le yoga ou la méditation.

Les bénéfices de cette activité ? Une diminution de la tension artérielle et un ralentissement du rythme cardiaque… comme pendant une séance de relaxation.

C'est ainsi que des chercheurs du Knox College ont relevé le fait que le coloriage pouvait avoir des effets clairement positifs sur la gestion de l'anxiété.

Par ailleurs, moi qui suis particulièrement sensible à l'esthétisme en général, je trouve particulièrement plaisant et apaisant de choisir de jolies couleurs, afin de créer une œuvre harmonieuse.

Un peu comme si l'harmonie du rendu final me rendait un peu plus harmonieuse de l'intérieur…

Alors, cette semaine, c'est décidé, courez vous acheter un album de coloriage pour adultes !

52) Rédiger la liste de ses rêves à réaliser[30]
#ConfianceEnSoi
#Joie

Rédiger la liste de ses rêves…

Quand je parle de « rêves », je ne suis pas en train d'évoquer des projets complètement fous et ambitieux. Cela peut être des choses toutes simples : apprendre à monter à cheval, pouvoir partir en vacances l'été prochain, pouvoir aider des gens dans le besoin, apprendre à parler italien, s'occuper d'animaux abandonnés, etc. Bref, je ne vous propose pas de révolutionner votre vie, mais simplement de vous donner l'accès à vos envies profondes, à ce qui vous fait plaisir… ces choses vers lesquelles vous vous tourniez spontanément quand vous étiez enfant, ou celles auxquelles vous n'aviez jamais pensé, mais qui surgissent dans votre esprit au détour d'une conversation, d'un reportage, d'une série-télé.

A ce sujet, un livre que j'ai découvert récemment, *La Magie de la liste*[31], peut largement vous aider. L'auteur, Yuval Abramovitz, nous livre des

---

[30] Extrait du livre « Libre de rêver : quand tout devient possible », Virginie DAUM, 2018
[31] Abramovitz, Y. (2018). *La magie de la liste*. Editions Fayard

177

techniques qu'il a lui-même testées et approuvées pour aller au bout de ses rêves. La première est extrêmement simple : faire la liste de ses rêves. *« Pas besoin, direz-vous, je n'ai pas de rêve… »* ou encore *« Inutile, je connais mes rêves, mais ils sont inatteignables »*. Vraiment ? Si vous deviez mourir demain, que regretteriez-vous de ne pas avoir fait ? Vous avez la réponse ? Très bien, alors mettez-vous en marche maintenant.

Rendez-vous compte : un tiers des français rêve d'écrire un livre… Pourtant, sur ce tiers, seuls 4 % d'entre eux passent à l'acte[32]. Mais pourquoi est-il si difficile d'avancer vers son rêve ? Peur d'échouer ? Peur de ne pas aller au bout de la démarche ? Manque de méthode, d'organisation ? Découragement avant même d'avoir commencé ? Les raisons sont sans doute nombreuses. Le fait est que, vous aurez beau vous trouver les meilleures excuses du monde, elles vous soulageront sur le moment, car elles vous donneront un sentiment de légitimité à ne pas entreprendre de démarche, mais finiront par vous donner un grand sentiment d'insatisfaction, voire de dévalorisation.

---

32 Sondage réalisé par Odoxa pour Amazon. Publié le 20 mars 2015.

Alors, êtes-vous maintenant pleinement convaincu de l'importance de mettre tout en œuvre pour accomplir vos rêves, vos projets ?... Si oui, il est temps de se mettre en route…

📌 Clairement inspiré du livre « La magie de la liste », que je cite plus haut, je vous propose le jeu suivant :

Prenez une feuille de papier, et pendant cinq minutes, autorisez-vous à y écrire, sans vous arrêter, tout ce à quoi vous rêvez, sans vous censurer. Écrivez le plus vite possible, comme s'il s'agissait d'un exercice de rapidité. Laissez venir tout ce qui vous passe par la tête, sentez-vous libre d'expérimenter ce jeu. Ne raturez pas votre feuille. Rappelez-vous qu'il n'y a pas de petit rêve, ni de rêve impossible ! Sentez comme tout devient plus fluide au fur et à mesure que vous écrivez. Sentez l'ivresse d'imaginer tout ce que vous pourriez bientôt réaliser. Ca y cst, vous y êtes ?...

Laissez reposer cette liste un jour ou deux… puis, tranquillement, relisez là.

Retenez les trois rêves qui ont pour vous la priorité. Les critères de choix vont dépendre uniquement de vous. Certains choisiront de retenir leurs rêves d'enfants, car ce sont les plus lointains. D'autres iront vers les rêves qui leur semblent les plus accessibles dans l'immédiat, car cela leur paraît plus aisé. D'autres encore feront un choix sans savoir vraiment pourquoi ils le font, se laissant porter par leur intuition.

Qu'importe donc les raisons de vos choix, faites simplement ce tri, et entourez les trois rêves auxquels vous allez donner la priorité, et notez les ici :

....

....

....

A partir de ces trois choix, à vous maintenant de n'en retenir qu'un seul, sur lequel vous allez vous concentrer sur les semaines ou les mois à venir. Notez-le ici :

....

Et maintenant, à vous de jouer ! Pour finir en beauté votre programme, donnez-vous une échéance pour réaliser votre rêve.
Si celui-ci est ambitieux, notez les étapes qui vous permettront de l'atteindre. Et notez pour chaque

étape le timing que vous vous donnez pour la réaliser.

D'ici quelques mois, vous serez fier d'avoir réalisé l'un de vos rêves !

📌 Une année entière de bien-être

Vous voici arrivé au terme d'une année entière de pratiques et techniques toutes plus zen les unes que les autres.

Bravo à vous d'avoir testé ces techniques !

Vous avez certainement noté que vous étiez plus réceptif à certaines pratiques qu'à d'autres, et cela est tout à fait normal. Sentez-vous libre de conserver uniquement celles qui vous font du bien.

Vous pouvez par exemple faire ici la liste des techniques qui sont pour vous les plus impactantes, et que vous choisissez de réaliser de manière régulière :

....

....

....

....

....

....

....

....

....

....

....

....

....

....

Si vous souhaitez aller plus loin dans votre démarche, contactez-moi afin que nous puissions envisager un accompagnement sur-mesure (dans l'Oise, au Nord de Paris, mais aussi à distance, en visio, où que vous soyez) :
virginie@potentielscabinetconseil.com

J'ai essayé de faire de cet ouvrage un condensé de douceur, de joie, et d'énergie.

J'espère sincèrement qu'il aura atteint son but !

Retrouvez ici les 52 techniques présentées, classées selon leurs propriétés :

#Nettoyage émotionnel :
1) Technique de visualisation : La montgolfière
14) Technique de visualisation : Le nettoyage de printemps
27) Technique de visualisation : La salle des machines

#Gestion du stress :
1) Technique de visualisation : La montgolfière
5) Technique de visualisation : Le jeu du meilleur ami
6) Pratiquer la cohérence cardiaque
7) Technique de visualisation : L'ancrage
12) Technique de visualisation : Le transfert d'état de ressources
19) Technique de visualisation : Un objet symbolique et apaisant
20) Se détendre avec l'auto massage des pieds
21) Technique de visualisation : La technique du cinéma
23) Technique de visualisation : Un océan de calme
27) Technique de visualisation : La salle des machines
33) Technique de visualisation : L'énergie venant de l'arbre
36) Réaliser un nettoyage de printemps
44) Pratiquer le Hygge
49) Prendre du temps pour chanter
51) Essayer le coloriage anti-stress

#Détente :

2) L'aromathérapie : diffuser des huiles essentielles
4) Écouter une séance d'ASMR
6) Pratiquer la cohérence cardiaque
8) Profiter des bienfaits d'un bain de pieds
10) S'immerger et découvrir le bain de forêt
11) Faire une pause digitale
13) Cuisiner un repas « healthy »
16) Technique de visualisation : Le lieu ressource
17) Réaliser un soin du corps
20) Se détendre avec l'auto massage des pieds
22) Écouter de la musique et la ressentir intensément
24) Atteindre l'état de flow
32) Vaporiser son oreiller avec une brume parfumée
34) Sortir pour admirer les étoiles
38) Masser son cuir chevelu
41) S'essayer à une nouvelle activité
42) Prendre du temps pour danser
44) Pratiquer le Hygge
46) Ne rien faire pendant au moins 20 minutes
48) Rechercher durant la journée des senteurs qui font du bien
51) Essayer le coloriage anti-stress

#Sommeil :

2) L'aromathérapie : diffuser des huiles essentielles
7) Technique de visualisation : L'ancrage
11) Faire une pause digitale

12) Technique de visualisation : Le transfert d'état de ressources

27) Technique de visualisation : La salle des machines

29) Technique de visualisation : Un film apaisant

31) Technique de visualisation : La couverture magique

32) Vaporiser son oreiller avec une brume parfumée

#Éveil des sens :

2) L'aromathérapie : diffuser des huiles essentielles

10) S'immerger et découvrir le bain de forêt

13) Cuisiner un repas « healthy »

32) Vaporiser son oreiller avec une brume parfumée

38)Masser son cuir chevelu

48)Rechercher durant la journée des senteurs qui font du bien

#Énergie :

2) L'aromathérapie : diffuser des huiles essentielles

5) Technique de visualisation : Le jeu du meilleur ami

7) Technique de visualisation : L'ancrage

9) Technique de visualisation : Rembobiner le film

10)S'immerger et découvrir le bain de forêt

13) Cuisiner un repas « healthy »

15) Utiliser la technique du sourire

22)Ecouter de la musique et la ressentir intensément

25)Technique de visualisation : Modifier sa petite voix intérieure

30)Choisir d'aller rendre visite à une personne qui rend heureux

33) Technique de visualisation : L'énergie venant de l'arbre

37) Technique de visualisation : La séance de ciné qui rebooste

40) Technique de visualisation : La power respiration

42) Prendre du temps pour danser

#Activation de ressources inconscientes :
3) Technique de visualisation : Le réservoir de ressources

12)Technique de visualisation : Le transfert d'état de ressources

27) Technique de visualisation : La salle des machines

43) Technique de visualisation : Le tableau

50) Créer son tableau de visualisation

#Créativité :
3)Technique de visualisation : Le réservoir de ressources

7) Technique de visualisation : L'ancrage

12)Technique de visualisation : Le transfert d'état de ressources

13) Cuisiner un repas « healthy »

24)Atteindre l'état de flow

27) Technique de visualisation : La salle des machines

35) Technique de visualisation : Dans la peau de quelqu'un d'autre

41) S'essayer à une nouvelle activité

46)Ne rien faire pendant au moins 20 minutes

#**Confiance en soi :**

3)Technique de visualisation : Le réservoir de ressources

5) Technique de visualisation : Le jeu du meilleur ami

7) Technique de visualisation : L'ancrage

12)Technique de visualisation : Le transfert d'état de ressources

24)Atteindre l'état de flow

25)Technique de visualisation : Modifier sa petite voix intérieure

27) Technique de visualisation : La salle des machines

41) S'essayer à une nouvelle activité

42) Prendre du temps pour danser

46) Technique de visualisation : La technique de l'atelier

49) Prendre du temps pour chanter

50) Créer son tableau de visualisation

52) Rédiger la liste de ses rêves à réaliser

#**Gestion des émotions :**

3)Technique de visualisation : Le réservoir de ressources

6)Pratiquer la cohérence cardiaque

12)Technique de visualisation : Le transfert d'état de ressources

21) Technique de visualisation : La technique du cinéma

#Concentration :
7) Technique de visualisation : L'ancrage
11)Faire une pause digitale
12)Technique de visualisation : Le transfert d'état de ressources
18)Technique de visualisation : La bibliothèque intérieure
24)Atteindre l'état de flow
39) Technique de visualisation : La vision périphérique

#Joie :
9) Technique de visualisation : Rembobiner le film
15) Utiliser la technique du sourire
22)Ecouter de la musique et la ressentir intensément
26)Créer son carnet du bonheur
28) Faire quelque chose pour quelqu'un de façon désintéressée
30)Choisir d'aller rendre visite à une personne qui rend heureux
49) Prendre du temps pour chanter
52) Rédiger la liste de ses rêves à réaliser

#Canalisation des pensées :
18) Technique de visualisation : La bibliothèque intérieure
23) Technique de visualisation : Un océan de calme